亞洲人類圖學院
HUMAN DESIGN SCHOOL ASIA

Joyce Huang／著

人類圖通道開啟
獨一無二的人生

活出你的天賦才華

〈序〉

人類圖：你的人生使用說明書

Alex老師

在人類圖的觀點中，每個人生下來都是獨一無二的，而且每個人都有獨特的才能與個性，但問題是，你生下來的時候並沒有一張使用說明書，能夠告訴周遭的人以及讓長大後的你知道，你到底是個什麼樣的人。因為沒有人知道，所以你的父母只好照他們想要的樣子，或是這個社會所希望的樣子來養你、教育你，到了學校，你的老師也用學校所希望的樣子來教你。這是我們現在所處的社會的正常情形。

換個場景，你在森林裡。假設你是一隻狗，你的爸爸是隻鳥，你的媽媽是隻青蛙。（各位先不要生氣，你可能會很不爽的說鳥跟青蛙怎麼會生出狗來，但是，王永慶跟郭台銘的父母也不是大富翁呀，那為什麼他們可以生出大富翁來，所以我們這裡先不要討論遺傳學的部分。）

所以，你出生後，你的爸爸想要教你飛，他認為我的小孩必須贏在起跑線上，所以當你滿月後就開始教你飛，教你拚命揮動你的雙腳，只要用力揮就可以飛起來。可是你不斷的揮動，拚命的練習，卻始終飛不起來。你爸爸很生氣、很灰心，認為你不夠認真，不好好練習，你就是不用心。

妳媽媽則教你學跳，剛開始，你的肌肉沒有力氣，跳不起來，可是你媽媽很有耐心，不斷的鼓勵你，陪伴你。隨著你愈來愈大，你愈跳愈好，愈跳愈高，你媽媽開心極了，跑去跟你爸爸說，你看我們的小孩比較像我，而且青出於藍，比我還厲害。

等到你長大一點，望子成龍的父母就把你送到學校去，希望學校能把你教育成全世界最棒的「龍」。但一到學校，老師會說，小朋友們，你們想不想成為全世界最棒的龍呀。全班都大聲的說：「想！」老師就說：要成為龍之前。我們要先來學幾件事情，你們沒有辦法一下子就變成龍，所以你們要學會龍的幾樣特點，等你們學會了這些事，你們就會變成龍了。

第一是要動作要快。第二是力量要大。第三是要能飛。第四是要能潛入水中。

經過了長久的練習，你每次都跑得比鹿慢。力量不如熊，飛行始終不及格。游泳還可以，但潛入水中不能憋氣太久。爸媽一直鼓勵你，但成績始終沒辦法考第一。

等畢業後，你還是沒有辦法變成龍，那只好去找工作了。你找了一份指揮交通的工作，因為你的尾巴可以一直搖呀搖的指引方向。所以一去面試就被錄取了。工作的表現也不錯。但工作了幾年後，你發現你的心中一直有個聲音在告訴你：「我想去賣香水，因為我的鼻子很靈敏，對各種氣味都能分辨的很清楚。」可是爸爸從小就跟我說，鼻子靈敏沒有什麼用，要像龍一樣才是最棒的。

聽到自己的同學豹子開了一間快遞公司，業績非常好，好像還要股票上市呢？真羨慕。最可憐的是鹿了，還美沒還上，現在跟牛還有熊一起在耕田，每天累得要死。想想自己，比上不足，比下有餘了，人生呀，要知足。

以後我一定要叫我的兒子好好唸書，拚死拚活也要成為龍，聽說成為龍之後就可以住龍宮，裡面金銀珠寶一大堆。要什麼有什麼，那樣才是理想的人生。

以上這荒謬的故事，請各位不要太計較真實性與邏輯性。故事的重點在於，因為我們不知道自己的本性，所以只好受父母、社會的影響，變成別人想要的模樣。這個叫做「制約化」（conditioning），而正是由於被制約太久了。所以我們已經變得跟真正的自己不一樣了。原本全部的「真我」，慢慢的變成部分的「真我」加上部分的「非我」了，嚴重一點的，幾乎全都是「非我」，已經沒有「真我」了。到這個時候，你就會感到不快樂，生活不自在，這工作不是我想要的，我為什麼找不到我真正的對象……

所以，學習人類圖有兩個目的，或者說只有一個目的，就是「去制約化」（De-conditioning），讓自己回到完全的「真我」。

但是要達到完全的去制約化，最少需要七年。各位應該聽過，人體的細胞七年會全部更新一次，所以去制約化是一條路，一條讓自己完全回歸真我的路。期間需要學習知識、了解自己、用自己的策略過生活，慢慢的活出自己本來的本性。這可以說是「治本」。

另外就是「治標」了，所謂的治標就是解除你目前的一些煩惱與掙扎，或者是痛苦。而這些的來源就是你的「真我」與「非我」彼此之間的干擾與混亂。

用另外一個比喻來說，人剛出生時是最純真自在的，一〇〇%的「真我」，但因為環境的制約化，跑出了「非我」。就像是身上放了一個鎖。而隨著愈來愈多的制約化，身上的鎖也愈來愈多，到最後全身掛滿了鎖。

如果現在你的內心有困惑，對工作不滿意，對生命有疑問，或是生活陷入低潮，可能是你現在有幾個鎖緊緊卡住了你的頭腦，讓你頭痛，讓你煩惱。而人類圖就可以給你鑰匙，去打開（unlock）你的鎖，當鎖打開了，你的困難、問題也就不見了。

人類圖如何開鎖（unlock）呢？簡單的說，它就是會直接告訴我，我是什麼樣的一個人，舉例來說，當透過人類圖，我知道我是一隻狗後，我就不再會想要像貓一樣去抓老鼠了，我也不會覺得跑得比豹慢是一件丟臉的事，也不會為此自責。我也不會因為我跑得比鴨子快就沾沾自喜，因為狗本來就跑得比鴨子快。

而且，如果我是一隻狼狗的話，我就會知道我應該去看守大門，或者去抓壞人。如果我是一隻牧羊犬的話，我就會去應徵趕羊的工作。如果我是一隻哈巴狗，我就會很爽的躺在貴婦的懷裡，以當個花瓶怡然自得，而不會為了證明自己的能力去跟狼狗搶看門的工作，然後累得要死。

若想要打開自己的鎖，歡迎你進入人類圖的世界吧！

〈導言〉

做自己，就是你的成功方程式

Joyce

長久以來，我們尋找著每一種成功的方程式，然後，拚命想複製它。這心態反映在諸多商業周刊，電子平台，還有各種媒體上，我們閱讀各式各樣的名人專訪與報導，然後內心默默被激勵了，認為有為者亦若是，大家試圖歸納出每一條可能通往成功的路徑，隨著文化與社會的既定價值，歸納出表面看似非常合理，其實很難全部都做到的完美結論：要成功，你就得勤奮努力、你得充滿好奇心，天馬行空發揮創意，才能看見別人沒看見的可能性、同時，你還得訓練自己有條有理、有恆心有毅力、耐得住性子反覆不斷練習，你最好要聰明、懂得何時該謙遜守成，何時又要積極冒險，有霸氣有魄力……。所有必勝的條件，隨著文明進展不斷累積下去，我們宛如強迫症一般，認真看待自己所欠缺的，比照成功人士的諸多特質，拚命想補足自己所欠缺的，用力鍛鍊自己所沒有的。

我們以為只要不斷努力，就能邁向發達之路。我們努力歸納辯證，督促自己追求完美，期待自己面面俱到，沒想到，卻因此漸漸失去了核心的力量，不知道該如何指認出自己真正的才能，忘記了自己是一個什麼樣的人，更遑論該如何做回真正的自己。

常常聽見有許多人高喊要「做自己」，做自己真的很棒，但是什麼是做自己？眾說紛紜。做自己的第一步，就是要先懂得自己，認清自己，知道自己的強項與長處究竟在哪裡。這需要坦承，接受完美是假象，也認清自己不會完美。若這世界上真有通往成功的方程式，成功人士的祕訣無它，他們只是認清了，終究沒有選擇，只能當回自己。成為自己的方法，與其緊盯不足的地方，還不如徹徹底底將自己的強項，不斷擴張，發揮至極大無窮大。掀開當代名人們的人類圖設計，就會發現：賈伯斯（Steve Jobs）是如何徹底發揮了他夢想家與執行力的強項，成就他一生的夢想王國；而U2的主唱波諾（Bono）真正的力量，則來自於他內心不斷掙扎於人生的意義究竟是什麼，並且願意像瘋子一樣，從無到有展現他天才般的思維；J．K．羅琳讓直覺引領自己，然後放手寫出腦中千變萬化的影像，於是全世界的麻瓜就此擁有了神奇的哈利波特，充滿魔法世界的想像。而理察德．布蘭森（Richard Branson）最厲害的地方，則是他擅長判斷未來潮流，迅速又精確的決斷力，造就維珍集團成為英國最大的民營企業，無人能敵。

知道自己，了解自己，實在是太重要的一件事了。看清楚適用於別人的，不見得適用於你，也別再出於匱乏，千方百計想拚命修改自己了。模仿無用，你必須聰明地，懂得將自己的強項極大化，才是做自己最不費力的方法。

如何了解自己呢？

假使這世界上有一種工具，能讓你清楚看見自己與生俱來，真正擅長的是什麼，能夠告訴你如何使用自己的長才，告訴你，如何才能為自己做出正確決定，這樣活著，會不會很省力？是不是很美好？

人類圖，就是一個這樣的神奇工具。近三十年前，人類圖祖師爺Ra Uru Hu在西班牙，創造了這個神奇的體系。它結合了古老的文明，包含了西洋的占星、中國的易經、猶太教的卡巴拉生命之樹、印度的脈輪，以及量子物理學、基因學、天文學等現代的理論，融合成人類圖，透過你的出生資料，就可以歸納出你這個人的本質。人類圖是一門區分的科學，告訴你屬於自己的設計是什麼，而什麼又是你與生俱來的天賦與使命。最重要的是，人類圖更是每個人的人生使用說明書，只要回到你的內在權威與策略，就能指引你，在每個當下做出最適合自己的正確決定。

在人類圖的浩瀚體系之中，三十六條通道所代表的，是每個人最純粹的生命動力。你的生命動力定義了你是一個什麼樣的人，你所擁有的通道，是你與生俱來的天賦才能。做自己，就是將每一條擁有的通道，適切發揮出來。當一個人充滿著存在感，活得最閃閃發亮時，往往就是他將通道的才華，展現得淋漓盡致的時候。知道自己的通道，重新看見自己的天賦，懂得自己，欣賞自己，喜歡自己，然後才能真正做自己，愛自己。

請超越比較的範疇，你所擁有的通道多寡，不等於你的力量強弱。天生擁有許多條通道的人，生命中所面臨的挑戰，在於如何好好協調內在的動力，才能適切展現自己；而相對通道較少的人，主要的課題就在於如何專注地，將自己的才能徹底發揮出來。我常說，沒有什麼好比較的，沒有誰是比較好的設計，誰又是比較爛的設計。你，就是你。如同歐巴馬（Barack Hussein Obama）也只有唯一一條夢想家的通道，卻足以改變全世界。你必定擁有了每一條你需要的通道，這就是最好的安排，現在，請好好發揮出來吧。

我和我的另一半Alex老師在八年前（二〇〇六年）與人類圖相遇，不預期一腳踏入這神奇的世界。開始只是好奇，喜歡研究，成為喜愛人類圖的狂熱者，期間我不間斷地與IHDS（International Human Design School）連線上課，學習，順應心之所向，花了數年，我正式成為亞洲第一位正式認證的中文人類圖分析師，同時也陸陸續續拿到各個階段的課程講師資格。接著Alex老師也正式拿到人類圖分析師認證，他更延伸觸角至職場與工作的領域，正式成為人類圖職場（BG5）分析師。

一路走來，我漸漸明瞭了何謂來自生命底層的召喚。推廣人類圖是一個大夢，早已在我內心生根萌芽，成為此生的志業。與其說，是這門學問太迷人，還不如說，因為透過人類圖，藉由如此邏輯有條理的方式，能夠引領每個人，重新認得自己，這過程實在太美好了。當人與人之間，可以真誠碰觸彼此靈魂深處，重新去探索，逐步回歸每個人的本質，理解了，釋懷與放下就變得有可能。那一刻，得以看見原本蘊藏於內，屬於每個人的純粹與美麗，這真的很珍貴，也很有意義。

帶著滿腔熱情不斷推廣人類圖，人類圖中文世界的大門，從台灣開始打開，向外快速擴展。我要感謝一直熱情支持我們的朋友、學員與讀者，沒有你們，我們無法走到現在的位置上，沒有你們，我們不會勇敢呼應內心愈來愈強烈的使命感，決定承擔更大的任務，勇敢蛻變，努力往下一個全新的階段邁進。從二〇一四年開始，「亞洲人類圖學院」正式升格成為Jovian Archive（人類圖祖師爺Ra Uru Hu所成立的正式官方體系）在亞洲中文地區的正式分部。從今往後，在台灣、香港與澳門地區，「亞洲人類圖學院」將會是唯一在華文地區，擁有人類圖相關課程與智慧財產權代理權的正式機構。

這一本書，是「亞洲人類圖學院」與「本事文化」第一回合作，也是第一本正確的人類圖知識，以中文的形式，在此正式介紹給大家。我們期待以輕鬆易懂的方式，自人類圖通道開始切入，讓每個人都有機會找到最適合自己的定位，看見屬於自己的美好，珍視自己的獨特性，擁抱屬於自己的力量，勇敢發光發亮，創造一個真心渴望的人生。

在此，我要特別謝謝我的另一半Alex老師，如果沒有你的支持與寬容，我不會是今天的我。謝謝你一直以來，成為我無比堅定的後盾，謝謝你的愛，總是支持著我，就算全世界的人都認為我很瘋狂，你都不以為意，讓我能夠盡情做自己真心喜歡的事情。

我也要衷心謝謝本事文化的編輯群，如果沒有你們每一位的堅持與遠見，不會有這本書的誕生。我尤其要感謝小敏與毓瑜，謝謝你們如此聰明，如此沉著，如此堅定，能成為你們的朋友，你們的盟友，與你們一起工作，一同奮戰，對我而言，真是無法以言語敘述的幸運，無比幸福的體驗。我相信基於對人類圖的熱情與愛，我們必定會樂而忘返，一起繼續走下去。

其實，愛一直一直一直存在，暖暖的，環繞著。

一路走來，回首當初，過程中的每一步，每次感到灰暗，或者不確定前方是否還有路走，總忍不住想對天空大聲呼喊。有時誤以為，此行狂奔千萬里，終究孤獨，但是靜下心來，總是能夠聽見身旁有愛存在，有這麼多愛護我的家人與朋友，穩穩回應著。祖師爺曾經說，真正的幸運來自於因緣具足（Serendipity）——對的時間點，到對的位置上，遇到對的人。只是在那之前，你得先做足所有該做的功課與努力，成為自己，才能去體驗這過程中的一切，這就是幸運，全然活出自己，發現充滿各式各樣的可能性，盡情體驗每一個體驗，這就是生命。

祝福每一個人順應內心真正的渴望，好好做自己，也願一切因緣具足，讓我們在對的時間點，去到對的地方，遇到對的人，別忘了相互提醒，要走得夠遠。

只要走得夠遠，一定可以，成為自己，成為創造本身，成為愛，成為暖陽，成為光。

謝謝大家。

目錄

CONTENTS

如何找出你的天賦才華

左圖即是人類圖（Rave Chart），由方塊、三角形、數字，以及兩個數字連結起來的管道所組成。它們分別是「能量中心」、「閘門」與「通道」。人類圖之中，總共有九大能量中心、六十四個閘門、三十六條通道：

能量中心

左圖中的三角形、正方形、菱形等九個區塊，稱之為「能量中心」，九大能量中心源自於印度的脈輪，各自對應不同的器官與身體部位，也分別代表不同功能與特性。這九大能量中心分別是：

頭腦中心（Head）、邏輯中心（Ajna）、喉嚨中心（Throat）、愛與方向中心（G）、意志力中心（Ego）、薦骨中心（Sacral）、情緒中心（Solar Plexus）、直覺中心（Spleen）、根部中心（Root）。

閘門：左圖中的每一個數字分別代表一個閘門（Gate），來自易經的六十四卦。

通道：九個能量中心之間的閘門若相互連結，便形成通道（Channel）。源自於猶太教的卡巴拉生命之樹。人類圖體系裡頭總共有三十六條通道，每條通道都代表不同種類的天賦，各有不同的功能。人類圖體系裡的通道就是你的生命動力與天賦所在。

如何找出你的通道：

請用手機掃描書腰或前折口的QR code，或請上網humandesign.wiibiz.com.tw輸入你的出生年、月、日與地點，系統會跑出一張圖表，你將看到自己的圖會出現，並有由兩個數字連結成一條有顏色的實心線，這些實線的多寡因人而異。無論它是短的長的，紅色或黑色，都是你具備的通道。對照本書目錄，即可得知你具備了哪些天賦才華。

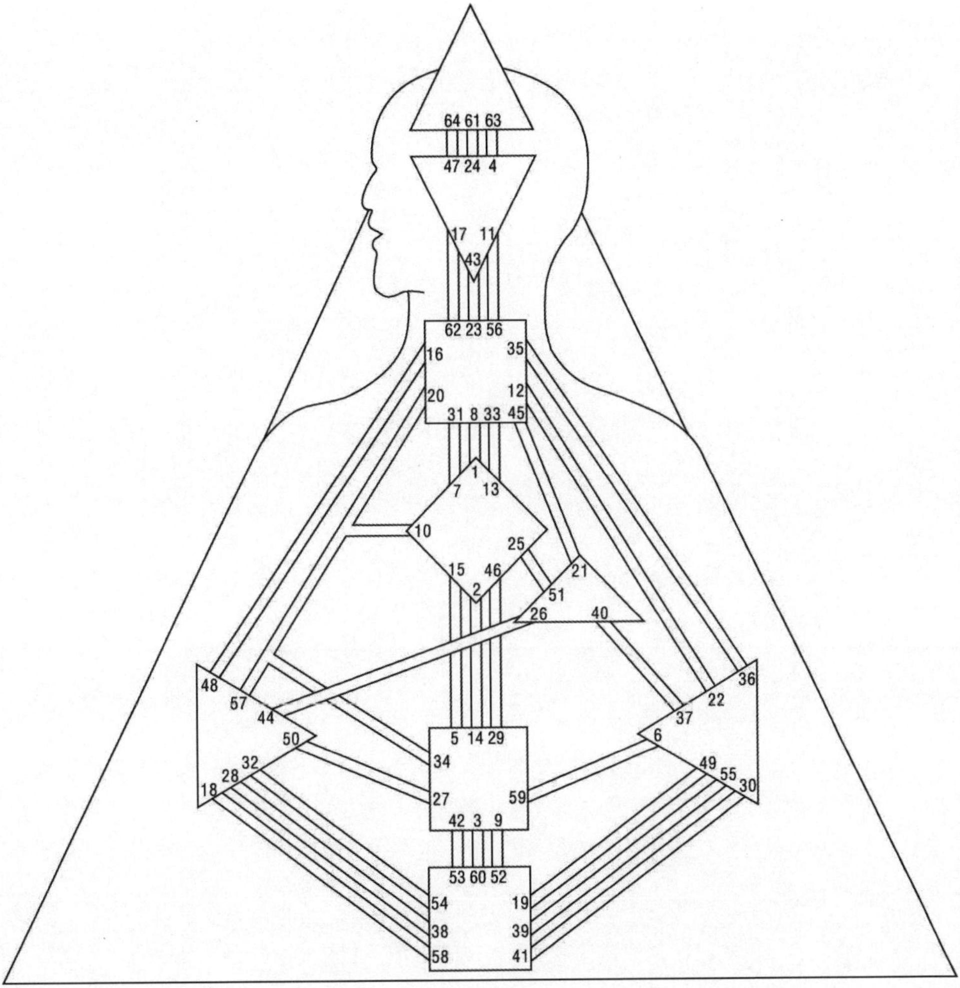
64 61 63
47 24 4
17 11
43
62 23 56
16
35
20
12
31 8 33 45
1
7 13
10
25
15 46
2
21
51
26 40
48
57
44
50
32
28
18
36
22
37
6
5 14 29
34
27
59
42 3 9
49
55
30
53 60 52
54
38
58
19
39
41

36條通道，36種天賦才華

人類圖中的通道，代表不同的天賦才華，是每個人生命動能所在。
每一項天賦才華，都有具體可行的使用方法與建議，
本書從每條通道，選出代表性名人，他們的一生是天賦的使用範例，
具體幫助你，了解並如何使用老天賜給你的配備！

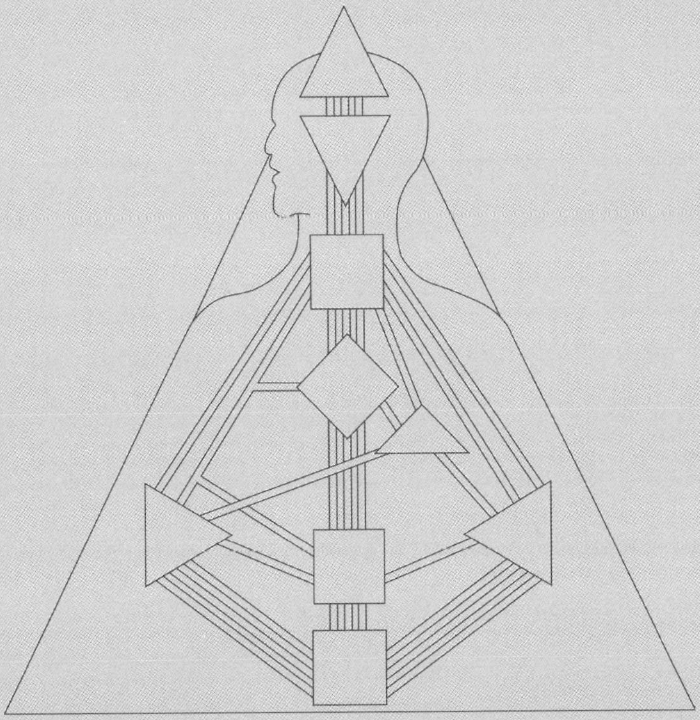

1-8
啓發的通道

擁抱自己的獨特，帶領眾人走向未來

定義

充滿創意，特立獨行，在人群中閃露光芒，你的與眾不同就足以賦予別人力量，帶來靈感與啓發。這條通道能夠將內心的信念，形諸於外，化為語言，所以說的話充滿真誠，能透過語言引領眾人朝未來的方向前進。

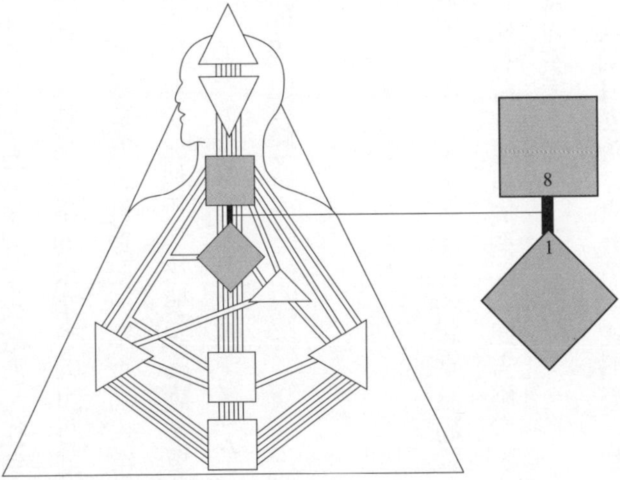

擁有1－8通道的人，此生存在的目的，在於以創意為世界帶來啟發，找到一條可行之路，引領眾人走向未來。可想而知，既然是「走向未來」的可行之路，就不會是因循傳統、安全保守的路。有這條通道的人就是要與眾不同，當他們活出自己時，充滿磁力，會吸引眾人忍不住想聽見他接下來要說的話、要做的事。此通道的名人很多，而在這些政治、企業、宗教名人中，邱吉爾（Sir Winston Leonard Spencer Churchill）是非常純粹活出這條通道設計的領導者。

以獨特的觀點激勵眾人

邱吉爾活在一個戰爭的時代，混亂讓人們不知所從，他以獨特的觀點激勵眾人，最令人印象深刻的是，二次大戰期間，法國投降，震撼同盟國，邱吉爾發表了下面這段即使隔了七十幾年，依然威力不減的演說：

「我們將戰鬥到底。我們將在法國作戰，我們將在海洋中作戰，我們將以愈來愈大的信心和愈來愈強的力量在空中作戰，我們將不惜一切代價保衛本土；我們將在海灘作戰，我們將在敵人的登陸點作戰，我們將在田野和街頭作戰，我們將在山區作戰，我們絕不投降；即使我們這個島嶼或這個島嶼的大部分被征服並陷於饑餓之中——我從來不相信會發生這種情況——我們在海外的帝國臣民，在英國艦隊的武裝和保護下也會繼續戰鬥，直到新世界在上帝認爲適當的時候，拿出它所有一切的力量來拯救和解放這個舊世界。」

這段演說中的「我們將在……作戰」如主旋律盤旋而上，一而再、再而三累積出強烈慷慨的信念，聽者莫不熱血沸騰。而最後以「上帝認為適當的時候」為大戰勝負指出方向：上帝（與勝利）站在他們這一邊，剩下的只是時間問題。

這段演說在英國存亡之秋，所有人民士氣低落時，指出了一條明確的道路，其結果不僅激勵了全英國人的心，也鼓舞了其他同盟國的國民。他的信念與意志躍然紙上，讓英國堅持到最後一刻，終於獲得二次大戰勝利。

而邱吉爾被視為演說史上經典之作的演講詞只有短短幾個字：「Keep Calm, carry on.（堅持到底，永不放棄。）」這是他在二次大戰時最後一場演說。當德國轟炸倫敦，全英國再次陷入憂鬱中，他出席劍橋的畢業典禮，上台致詞的短短幾分鐘內，他高舉拳頭，全程只是不停地重複這幾個字。直到他離去很久後，學生才熱淚盈眶地回過神來。第二天，全英國報紙都以此為頭條，成了英國當時民族精神的口號，也迅速流傳成全世界反法西斯的精神標誌。

展現真誠，讓人感動因而願意追隨

如此簡短的演講稿，居然成了演說史上的經典。這就是1－8通道啟發眾人的獨特威力，真誠無比。也因為無比真誠，才銳不可擋，多餘的修飾語客套都不必要了。他所說的話語宛如一支飛速向前射出的箭，這支箭，正中紅心，當一個人心上最柔軟最脆弱的所在，被真實觸動了，蘊藏於內的力量就會被整個激發出來，從此之後，再也無法回頭了。

這就是1－8通道的人，活出自己設計時的典範，他們以如此與眾不同的方式，表達內在的信念，引領大家在混亂中走出一條明確的道路。而他們是如此真誠，勇於表達其獨特性，展現堅持的信念，讓人感動因而願意追隨。雖然這條通道的人，並不在乎是否有跟隨者，對他們來說，更重要的是說出真心話，即使當下毫無憑證，他們卻篤信自己指出的路是正確的，而事實也證明如此。

他們指引方向的憑據，並非來自經驗法則或理性推演，而是他那看似混亂、實則充滿創意的方式，在轉眼瞬間，就此明確指出了未來清晰的方向。但是，請不要質疑他，或要求他詳加分析其中的邏輯，因為他很難為此說出個所以然，一如邱吉爾無法說明或分析「上帝會在適當時機拯救世界」這句話。這是信念，信念是一種選擇，其中不見得有清楚的推演邏輯或道理。

與周遭格格不入的獨特性

這條通道的人很獨特，他們是「言為心聲」的代表，他們說出口的話代表他們的信念、特質和人格。同時他們也擅長多方展現自己的與眾不同，髮型、穿著、刺青、代步工具……。對他們來說，外在就等於內在的延伸，要能充分展現出自己的獨特性，就是最重要的關鍵。

鶴立雞群不見得是件容易的事，因為自己的與眾不同，難免會被誤解成不合群而備受打壓。他們的獨特對周遭來說是挑戰，甚至是挑釁！但是這不也就是這條啟發的通道，為我們所帶來的貢獻嗎？他們的存在之所以能帶來啟發，就是因為天生與眾不同。如何放下合理與否的理性分析，全然擁抱，並捍衛自己的獨特性，不再否認也不再壓抑它，需要生命淬練過後的智慧，也需要勇氣。但是，如果這個世界缺了這群堅持活出自己的靈魂，如果他們過於擔憂，深怕自己過於獨特而招致批評，如果恐懼於世人眼光，而壓抑自己表達的慾望，久而久之他們容易抑鬱。別說獨特了，整個人會面目模糊，毫無光采，那會是多麼可惜的事情。

給這條通道的人的建議

請做自己喜歡的事情，等待別人邀請。當自己有表達的平台時，不要吝於將自己內在的真理說出來。你將驚訝發現，你說出的話帶來多麼大的影響與力量，你的獨特性必定能為眾人指出一條可行的未來方向！這就是你的職責所在，你的天賦，也是你的榮耀。

通道名人：馬克思、毛澤東、拿破崙、蔣介石、奇異總裁威爾許、證嚴法師

2-14 脈動的通道

以服務之心出發，指引眾人方向

定義

這條通道能夠直接影響其他人的人生方向。這是一股動能，具有龐大的感染力。擁有這條通道的人具備啟發突變發生的關鍵，若能順著流走，等待生命給你的回應，信任這一切都自有安排，你必能成為「指路人」，讓眾人都走上屬於他們的

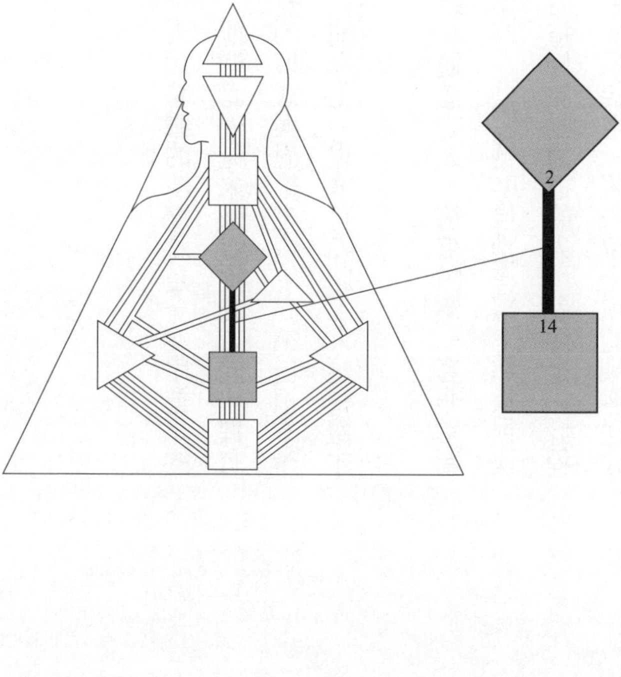

人生方向。

值得信賴的「計程車司機」

這是一條非常神祕又具有穿透力的通道。人類整體的演變就是一連串進化的過程，進化需要突變。而擁有這條通道的人，他們看得見未來蛻變的方向，握有蛻變的契機，他們明白人類不能只停留在舊有的模式與思維之中，必須自根本產生質變。唯有如此，文明的滾輪才能不斷地往前進化，也唯有如此，人類整體才能往前繼續邁進。

這是一條指引眾人人生方向的通道，有這條通道的人，彷彿內建一套非常厲害的運作體系，若將你的資料和問題丟給他們，他們就能自動運轉，然後很快地，找出下一步你該走的方向。我常常比喻有這條脈動通道的人，就像是「計程車司機」一樣，而計程車司機的任務就是準確並妥善地，將每位上車的乘客送往他們要去的地方，藉此他完成了自己的任務。而他的天命，他的人生方向與最終的歸屬，將在他協助每位乘客到達之後，自然而然顯現出來。也可以說，有一股更高的力量透過他們，化為明確的指引來協助眾人，而當眾人紛紛落實了各自的目標時，他們也將透過這神奇的過程，找到自己真正的方向與定位。

本著服務他人之心為出發點的德蕾莎修女

聽起來非常「我為人人，人人為我」？是的，本著服務他人之心為出發點，付出與貢獻走到最後，也獲得了自身的完整與滿足。德蕾莎修女（Teresa of Calcutta）以她的一生活出這條通道。李家同教授《讓高牆倒下吧》這本書中有一篇動人的文章，記述了他前往加爾各答，親眼看見德蕾莎修女與她創辦的收容所和垂死之家的經過。最令人動容的，不僅是德蕾莎修女一生的服務與奉獻，還有她引發了更多人思考得更深，更接近內在的渴求。每一年，全世界從不同的角落湧進好多人，包括銀行家、富商以及年輕人，因為受到她的感召，願意每年固定來到這個貧窮的國度，以服務之心出發，服務更多人。

德蕾莎修女十二歲時立志為窮人服務，當她來到加爾各答，從封閉的修道院走向窮困的大眾時，並沒有馬上得到教會支持。但是，她服務窮人與垂死之人的信念，很快地吸引了有志一同的幾位修女，與來自世界各地的義工。事實上，德蕾莎修女並不是個能言善道的人，她之所以能吸引那麼多人，是因為別人彷彿在她身上看到神的慈愛，而那麼多前來加爾各答服務的義工，不管職業、年齡、貧富，當他們返回自己原本的生活時，這一段經歷也必然深刻的影響著他們。就像李家同教授說，在此服務短短兩天，卻使他永生難忘，恨不得一輩子就留在那裡服務。

為眾人利益努力，便具備賺取世間財富的潛能

這就是脈動通道的人，無私奉獻時所引發的巨大力量。德蕾莎修女的服務，造福的豈止是加爾各答的窮困者，她也引動了許多眼見她善行的人，內心起了狂烈的震撼。這撼動足以讓他們重新思考，生命宛如在那一刻產生質變，讓他們選擇重新走上自己的道路，解開自己對生命的困惑，明確自己此生究竟所為何來，並放手去創造一段值得活的人生。

這條通道所指的脈動，除了帶有宗教性質，也具有賺取世間財富的潛能。有

這條通道的人，不見得要從事宗教服務才會賺錢，而是要很清楚，讓這條通道順暢運作的關鍵點在於：出發點不是為了錢，而是願意懷抱一顆樂於服務眾人的心，為眾人的利益而努力。當他們真心希望自己所做的一切，能為大家帶來健康的飲食、身心靈提升或智性的成長……等，就能在不同的領域裡，默默指引眾人正確的方向，因此得到豐盛的回饋。這就像是同樣具備此通道的嚴長壽先生和張小燕小姐，他們的存在與智慧，提供了大眾明確的定位，以及未來轉型的指引。他們絕非基於個人利益，而是真心願意服務更多人，自己也從中獲得了深深的滿足與成就感。正如德瑞莎修女曾經這樣說：「我做這些事情並非為你們，而是為了自己。」

傳遞神諭的「神的容器」

擁有這一條通道的人很容易流於兩極。一端是自我感覺良好，自以為很厲害，能看清別人的人生方向，給予建議，卻因此而容易流於我執，過度自我的狀態下，反而看不清實相；另一種則是極端缺乏信心，導致誠惶誠恐，認為自己諸事不足，又如何能提供別人指引呢？事實上，宛如神的黑色幽默，有這條通道的人，可以明確指引別人的方向，卻往往搞不清楚自己到底該往何處去，這是他們常常深陷的苦惱。因為他們是傳遞神諭的人，也就是「神的容器」，只需投降、等待，回應，這是最難也最容易的事情了。他們得放手，也放心，看看這條路將帶領他們前往多麼不可思議的未來，昂首而去。

有這條通道的人要試著體會「無私」與「破除我執」的真義。在給別人建議時，要記得「方向並不是由你發出，而是透過你發出」，如果對於你所吐露出的方向是否正確，有任何的遲疑，只需靜下來好好問問自己：「這個方向有沒有為這個世界帶來美？帶來愛？」如果答案是肯定的，代表著，你正走在對的軌道上。

給這條通道的人的建議

你擁有的是一條神祕、能量又強大的通道，所以要懷抱巨大的信任：信任自己，信任施比受更有福，信任自己的方向握在更高的力量手上，信任這一切都自有其安排。時時提醒自己要謙虛，同時又要有信心，理解眾人的方向是透過自己來呈現。你生來是要服務更多人，若能維持這樣的中立性，自然而然，生命的流就會帶領你，前往該去的地方，體驗迎面而來的每一個體驗。如果願意真正放下，信任生命，就能體驗到順流而為，其中的奧祕。

通道名人：德瑞莎修女、張小燕、嚴長壽

3-60
突變的通道

衝破限制，找到全新的秩序

定義

這條通道的人有一種特殊能力，可以跳脫以往框架，自既定的桎梏與限制之中，找到全新的秩序。他們的人生恆常處於低潮、求存，接著在某一刻竟然曙光乍現，找出原本從未嘗試過的應變之道，然後又開始面對下一個限制，再接再厲，再

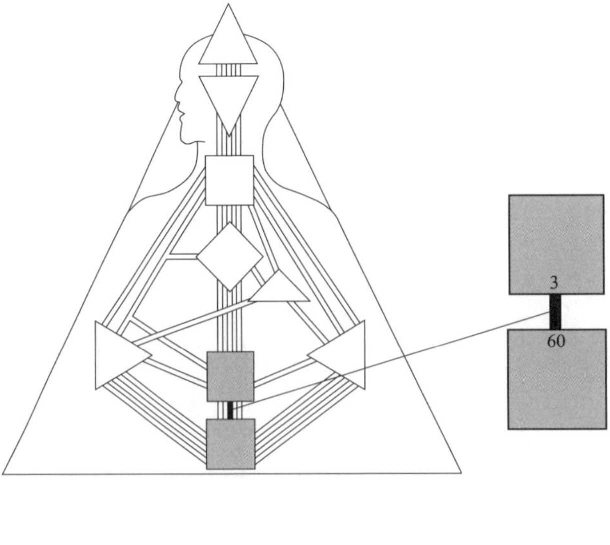

來一遍。如此週而復始循環著，而不可思議的質變，就在這樣看來反反覆覆的週期中，發生了。雖然很難預知蛻變何時會發生，以及到底會不會發生，但是，在找出全新秩序的那一瞬間，是如此神奇，讓人驚歎不已。

他們的行事風格或許難以預料，但是不可否認他們的變通力真的很強，不僅為自己的人生帶來徹底的變化，也同時能為我們帶來不可思議的突變。

在混亂與新秩序之間擺盪

我喜歡比喻有這一條通道的人，像是一顆頑固的種子，身處寒冬將盡，春天即將來臨的黑夜裡，本質蘊藏著一股毛毛躁躁，非常急迫，想立即衝出去的旺盛企圖心。黑暗中，雖然還看不到光，但是渴求生存的驅動力是如此強烈頑強，雖然在困難中不斷摸索，疑似絕望，卻終究能夠衝破限制，然後突變成另一種截然不同的形式，像是種子發芽後成花成樹，這就是神奇的突變通道。

有這條通道的人特別容易看到限制，但同時內在又有一股硬要從重重限制中，鑽出一條路來的強大驅動力。就算環境充滿限制，他們為了求生存，會憑藉著本能，感受到自己得要蛻變成另一種全新的存在。這也就是為什麼他們經常處於莫名的焦躁與不安，也容易陷入一種週期性的低潮與憂鬱。從黑暗到光明，從光明再到黑暗。他們會一直看到限制，尋找突破，然後又在現實中碰壁，再突破。生存的焦慮感，始終存於他們的體內，而到底應該如何改變，怎麼樣才能找到全新的突破方式，就成為他們不折不扣的人生課題。簡而言之，這一生，就是在混亂與新秩序之間擺盪的迴圈，但是每一次循環，每一回穿越，都能讓他們脫胎換骨，成為一個全新的人。

突破限制的第一步：放下抗拒。「投降」是過關斬將的關鍵心法——投降於現況，接受當下的限制。臣服於事情的現況就是如此，抗拒又有何用，不要繼續浪費力氣在抗拒既定的限制上，才有餘力去找出新的可能性。種子不會哀嘆上頭壓著的泥土很重、離地面不知多遠、冬天又冷又長，因為事實就是如此。而真相是，限制愈大，能突破重圍的能量也愈大，限制並不是你的敵人，而是你最好的盟友，得以鍛鍊你，激發你產出全新的創意。沒有限制，就不必突破，沒有僵局，就不必找出突圍的方法，新的秩序永遠與舊有的限制相對應，這是宇宙共生的法則之一。

佛洛伊德將焦點放在突破重圍，帶來新秩序

佛洛伊德（Sigmund Freud）是這條通道的代表人物。佛洛伊德本來是個醫生，原本研究腦性麻痺與失語症，他在臨床中研究病人病因時，在既定的心理學模式中找不到解決之道，因此創立了精神分析學派，提出了「自我」、「本我」、「心理防衛機制」等概念。在他之前，心理學沒有「潛意識」的概念，他更石破天驚提出夢是通往潛意識之路，劃世代的創新思維，全新看待心理學的秩序，從此誕生。

突變的通道，就是佛洛伊德突破重圍的方式，既然既有的學派和理論，已經完全無法解決他臨床時所遇到的困難，他於是橫空出世，提出一個徹底創新的分析理論。雖說他提出的諸多理論，有許多細節後來被心理學界所摒棄，但是其研究方法，卻早已深深影響了後來的心理學、哲學、美學、社會學與文學。這就是突變的通道帶來的質變。從他之後，心理學徹底改變了，這世界也改變了，雖然

不見得延續他的方式來解析夢與潛意識，但是，我們從此解讀心靈的方式，已然進入另一個層次，時序漸進，蛻變是不斷地向前滾動的大輪軸，永不再回頭。

一股在壓力鍋中隨時猛爆的力量

這條通道的人無法仔細過活，無法錙銖必較詳加計畫。他們無法紙上談兵，無法空談，無法以寫報告、閉門求車的方式研究與創新。他們自己也說不出為什麼就是無法的理由。對待他們最好的方式，就是直截了當地將他們丟到現場，丟上街頭，沒多久，直截了當又自然而然地，如魚得水般，他們就能自行碰撞出一條與社會脈動相呼應的道路。這股本能的求生存的力量，無法以邏輯理性規畫，無法推理解釋，比較像是一股處在壓力鍋中，因為承受巨大壓力到某種程度，突然猛爆出來，純粹求生的力量。既然如此，你又如何能期待這條通道的人安於現況？或屈服於舊有規則與傳統模式？他們無法墨守成規，也不願意重複自己，這些在他們眼中都是限制，他們追求的不是安全，而是創新，存活之道或許不易，卻充滿旺盛的生命力。

這是一股強烈原始的求存動力。所以，有此通道的人總是毛躁，靜不下來。他們經常給人一種躁動感，聽起來很像蛻變期的青少年吧？有這條通道的人具備源源不絕的生命力，想求新求變，終其一生像處於即將長大、脫胎換骨的階段。試著回想你青春期時的感受，隱隱約約感覺自己即將不一樣，同時卻焦躁、浮動、不安，懷抱熱血夢想卻又在不確定之間徘徊。他們容易焦慮，也容易憂鬱，因為沒人知道脫胎換骨之後，究竟會是怎樣的光景。

而突變，像是一股更高的力量降臨，透過他們來發生。他們為此所付出的代價就是，不知道突變何時會發生，是否會發生，突變之後會更好還是更糟。這些不確定因素，著實讓人躁鬱不已。擁有這樣的人生，旁人或許覺得太驚心動魄，其實他們自己也覺得很累，但長程來看，當他們終於摸索出解決之道，當他們衝破了限制，帶來啟發，引發質變，其喜悅與興奮程度，又是如此炙烈而動人。

給這條通道的人的建議

你體內原始的躁動力，讓你焦慮憂鬱，卻又不知道該如何是好。首先，請與自己的原始本能共存，這是一股很棒的原力，它讓你躁動，卻也是你求得生存的來源。別因為恐懼而死守安逸，你的抗壓性強，環境愈嚴苛，你才能愈沉著愈冷靜。壓力是你最佳的動力，不管是平時或者處於高壓狀態下，請多運動，運動可以幫助你紓解憂鬱與焦躁。

通道名人：佛洛伊德、貓王、拳王阿里、達賴喇嘛、王永慶

4-63 邏輯的通道

透過理性的思維推演，爲世界帶來啓發

定義

這條通道代表科學的、多疑的頭腦。腦中會不斷冒出各種疑問，持續進行反覆又反覆的邏輯辯證，無法停止運轉。藉由理性質疑，來檢視一切事物的正當性，最後歸納出足以放諸四海皆準的正確解答。為世人的貢獻是，請善用你那持續問答的

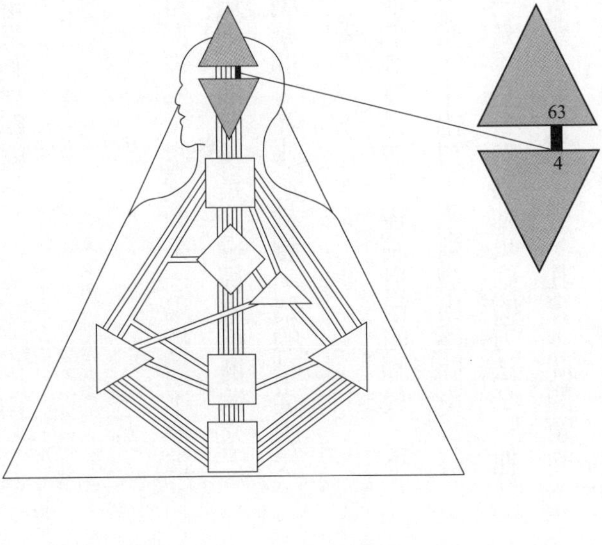

清晰腦袋，解決與自己無關的問題，為世界帶來洞見與啓發。

問對問題，就能帶來清晰

這條通道的人，無時無刻都會在腦袋中自問自答。這就像是一場持續不停進行問與答的實驗，為了想了解世間事運作的規則，他們擅長將過程整個攤開來，一一檢視，試圖找出當中相關聯的邏輯，大膽疑問，並小心檢驗，為的是從中找出解答，才能得到一套可依循的模式，以求造福眾人。

愛問問題的人，並不是天生愛找麻煩，他們其實是無法控制自己的腦袋，不管看到任何事情，大腦立即快速飛馳，運作無礙，不由自主不斷發出疑問：「為什麼會這樣？」「現在與之前有何差別？」「是不是會有其他更好的方法？」他們的腦子充滿質問，不帶情緒，對一切懷抱質疑，理性而平靜。其實，問問題的最高境界，並非要我們苦苦執著於解答，若有幸能遇見一位真正懂得問問題，並且有能力問對問題的智者，在他發問的瞬間，那原本紛亂的事務，讓人糾結難解看不清的謎團，就此可以清楚被區分了。好問題讓我們做出區分，而區分之後，才能看見全新的風景，產生不同的觀點，再一次，得以重新做出有意識的選擇。

換句話說，一個好的問題本身已經深具啟發，即使尚未找到答案，問題本身的存在，也已指出了一條明確可前進的方向。

擅長在腦中提出假說，逐一檢視以求答案的山謬．貝克特

這條通道的人除了問，也有找出答案的天賦。我們常說，真理愈辯愈明，在問與答之間，人類得以建立一套可行的邏輯模式。這是一連串可以不斷衍生的歸納過程，為了得到正確答案，他們問問題，篩選並辯證，直到找到答案為止。而當下這個答案，可能又會衍生下一個全新的問題，在問與答之間，建立起模式。而世俗面的制度，或者精神層面的省思，就能藉由如此往返的過程，重獲清明，也讓身心得以安頓。

我們可以說，這條通道造就了科學的起源，他們在腦中提出假說，實驗組與對照組，一一檢視並刪除，試圖從中得到答案。二十世紀偉大的文學家山謬．貝克特（Samuel Beckett）的代表作《等待果陀》，可說是有這條通道的人最具體

的呈現。整齣戲自頭至尾，就是兩個人在等待「果陀」的過程，沒有絲毫劇情，只有對人類命運與生存所提出的大哉問。巧妙的是，結尾是開端的重複，而這兩個人在等待的過程中，看似亂無頭緒的對話，到底果陀是誰、為什麼要等他、他會不會來?而在漫長的等待過程中，戲落幕了，空留問與答，還有疑惑與辯證之間所帶來的深思與啟發。

找到答案，才能抒解焦慮

這條通道的才能，必須運用在與自己無關的事情上，若是思考眾人之事，他們的思路無比清晰，以詰問的啟始點，進而歸納總結，得出客觀的見解。如此有邏輯的演繹方式，尤其適合運用在科學領域上，有許多哲人與文豪，也透過提出問題的方式，來呈現他們對人類問題的觀點，啟迪眾人。

由於他們腦袋中的思緒，完全停不下來，常常莫名感到焦慮與壓力。不停發問，而這些問題都必須被回答，雖然答案不一定正確，但這又是思考過程中，必須經歷的階段與過程。唯有等待找到答案的那一刻，他們才能稍微抒解焦慮；但是很快地，他們的腦袋又會提出新的問題，等待被解決。所以，若一不小心開始運用這條通道，來思考與自己相關的問題，就會發現腦袋呈現打結的狀態。

這就像是「旁觀者清，當局者迷」的道理，再怎麼清晰的腦袋，再怎麼縝密的思考邏輯，一旦開始牽涉到與自己相關的議題，宛如深陷流沙，昏頭昏腦，狀似失靈。他們很有可能一開始就問錯問題，自然也得不到正確答案。在問與答之間，自行激盪，再度形成全然偏離事實的迴圈，歸納出莫名其妙的答案，落入固有的困局模式，一直轉一直繞，鑽牛角尖到最後，只是備感苦澀，白白浪費了這條通道的才華。

給這條通道的人的建議

你容易感受到焦躁，對眼見一切都跑出一堆疑問，並試著想得到答案。請將這份才華用來解決世界與別人的問題，若思考自己的事情，容易陷入鬼打牆的迴圈裡。而且，在解決別人問題前，請等待別人邀請，或向你求助，你再提出質疑與解決方案。

在別人辨識出你才能之前，你若輕率發言，容易因為你提出的一連串問題過於繁雜龐大，而讓周遭陷入混亂。

通道名人：山謬·貝克特、宮部美幸、馬龍·白蘭度、李奧納多·狄卡皮歐

5-15 韻律的通道

順應生命之流，決定世界運行的韻律

定義

有自己獨特的韻律，可以順應環境改變，何時改變或者要如何改變，內在都有其節奏可依循。有這條通道的人，人生可以活得很優雅不費力。若能真正順應自己內在的韻律，周圍的人事物就會巧妙地配合著，不早不晚，依序在該發生的時候來

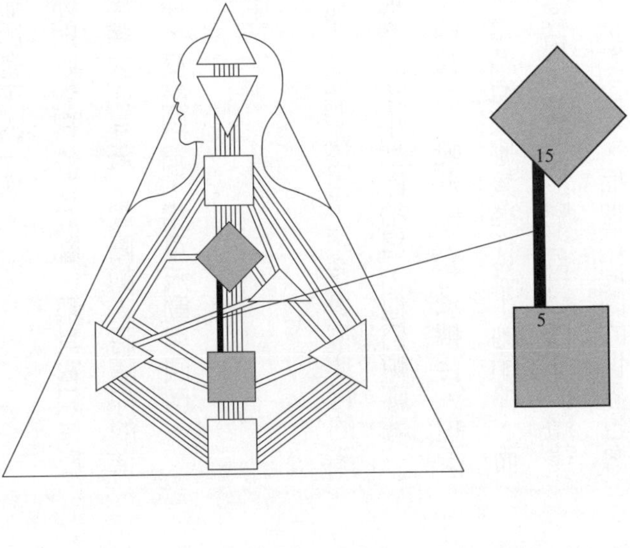

到你面前，你只需要順著生命的流，回應生命所帶來的一切。

當你順著流走，每件事都會很順利。若你開始覺得外在混亂，那其實只是反映出你自身內在的混亂。別忘了你自身的韻律強大如洋流，周圍的人將隨你的進度起落，順波動擺盪著，不快不慢，不疾不徐，交融同拍，相互流動與回應。

一如樂團的靈魂，是團隊裡主導韻律的王

這條通道的人是主導這世界韻律的節拍器。他們決定了諸多事物運行的韻律，全世界有此通道的人，就像散布世界各地的許多小型節拍器，他們順應著一個更雄偉巨大的節拍器，也就是所謂的「生命的流」。無形中，起承轉合，拍子音律急緩有序，承接了宇宙的韻律。生命中，事情有其應該運作發生的韻律，而這條通道的存在，就是讓宇宙的流透過它來展現。當他們順著自己內在的韻律走，那麼他們生命中一切事物都會在恰當的時機點出現，而他們周圍的世界也會井然有序。他們就像人生路口的交通指揮，他們依循著更高指導原則，時序漸進自有最好的安排，世間萬事萬物順暢運行。

世間的萬事與萬物，都有其必須歷經的完整階段。宇宙運行的流，與我們頭腦設定的時間表，可能截然不同，小我的觀點終究過於狹隘，無法真實窺見冥冥中，底層龐大機制所安排運轉的定律。花開花落終有時，其實是慢不得，也急不來。就像製作陶器，捏完後需等它成型、乾燥、焙燒，這是一個完整的過程，所有該經歷的、該發生的，若安然順應更高層次的韻律，完整去體驗與經歷全部，才得以圓滿。

「韻律」這個概念，看似抽象，不好理解。那是因為這條通道的人不見得是做了什麼，或說了什麼，而是單純存在著，在能量的層面上，就得以主導了周圍人事物所運作的順序與節奏。有一回我替一個搖滾樂團裡的每位成員做解讀，其中有一位成員的設計很有趣，他的整張人類圖設計裡就只有一條韻律的通道。換句話說，這正是他最主要的生命動力。外表看來，他沉默寡言，不太發言沒有意見，也總是很安靜。既然如此，他要如何主導樂團運行的節奏呢？一問之下，我忍不住覺得太妙而大笑，因為他正是鼓手，內在的韻律就這樣明確地化為鼓聲，或快或慢全在指尖，他是樂團的靈魂，是團隊裡主導韻律的王。

回應內在的韻律，活得自在優雅的茱莉亞．柴爾德

對這條通道的人，尊重自己內在的韻律是非常重要的一件事情，不要勉強自己，也不要卡在腦袋或世俗大眾所認定的時間表裡。要知道人生中你要幾歲談戀愛、幾歲應該要結婚、幾歲一定得賺到第一桶金、幾歲買到房子，真的沒有一個放諸四海皆準的標準答案，也並沒有一張準確的時間表適用於每個人。是的，生老病死有其韻律，而你的生命也會自有其過程。你的順序、你的節奏相對應，無法在腦袋理智的層面加減計算，到頭來，只能順心流動，順流而行。

既然具備韻律的通道，若能時時回歸中心點，誠實回應自己內在的韻律，就能活得很優雅，天時、地利與人和，宛如天上繁星各自有其軌道巧妙挪移著，到最後，時機到了，必會自然而然與你站在同一邊。反之，若是你輕易讓恐懼介入了，被無謂的思慮混淆了，當你開始焦慮地，試圖想控制些什麼，而完全忘了回歸內在的韻律，混亂不可避免，費盡心力即使勉強達到原先設定的目標，之後也會證明是一場錯誤。

有名的美國籍廚師茱莉亞．柴爾德（Julia Child）就是這條韻律通道的代表人物。她在三十四歲才結婚，以她所處的年代著實相當晚婚。她在結婚前只會吃不會做菜，快四十歲才報名去藍帶廚藝學校學習，從此愛上法國菜。她寫書、上節目，很多人五十歲都退休了，她則是到五十歲才開始真正大紅特紅，變成美國烹飪的偶像，發達成名之路就此大開，她影響了當代美國飲食習慣，她改變了美國主婦一直以來狹隘的做菜習慣，她重新掀起了前所未有的美食風潮。

她不僅在如何過人生這件事上自成韻律，連日常生活，待人處世也有她獨到的風格與節拍。她高大，說話口音奇怪，在節目上不怕出糗，就算犯錯了也能狀似優雅，不慌不忙告訴家庭主婦們，廚房裡充滿各種可能與意外，誰人沒打翻醬料，誰人翻蛋永遠不出包。就算有一千一萬個步驟流程要依序完成，到最後，你只能回應內在的韻律，找出自己的應對之道。她讓我們理解人在廚房，突發狀況就是常態，錯誤才能讓人繞個彎轉換菜式，發明出另一道菜。

順應生命的流，一切都會在最恰當的時間點發生

直到今天，她的形象還如此深入人心，充滿展現這條通道的優雅與迷人。換句話說，如果你有這條韻律的通道，何須為自己內在的韻律感到困窘或罪惡呢？難以順應社會或別人的節奏又如何？你該聽從的是內在的韻律，換句話說，你真的不該勉強自己，否則很容易招致混亂，反倒將一切搞砸了。

接受每個人、每件事情皆有其熟成的時間點。所謂的時候到了，意謂著諸事齊備，宛如眾神歸位，一切具足，才正是事情該發生的時候。如果你擁有這條通道，請誠實回應自己的內在，每個當下都忠於自己，做出選擇。如此一來，就不會急切或慌張地被外來的訊息所打亂，信任一切將在最恰當的時間點發生。或許你無法在理智上理解，又如何？放輕鬆，你是遨遊於時空的旅人，只要回應宇宙之流的韻律，就能順暢前進。

給這條通道的人的建議

你人生中有很多事情，不是在社會規定的時間點上發生的，而是要等到你內心準備好了，事情才會順利發生。所以當你順應自己內在的流，你必然能與宇宙的流相呼應。此時，生命會回應你，所有你需要的事物。同時，你也會影響周圍群體的運作，當你順著流走，不因種種延遲而強求，那麼，你人生所有美好的事物必然會一一來到，要有耐性，也要有信心。

通道名人：茱莉亞·柴爾德、莫札特

6-59 親密的通道

人見人愛，擁有建立關係的入門票

定義

這條通道充滿生產力，代表人類旺盛的生殖能力，具有強大的能量場，能瞬間感染周遭所有人，在極短時間內讓大家卸下心防，與你親近。你的存在是為了打破人與人的藩籬，促進人與人之間互動，共同創造新的思維或作品，讓事情可以從無

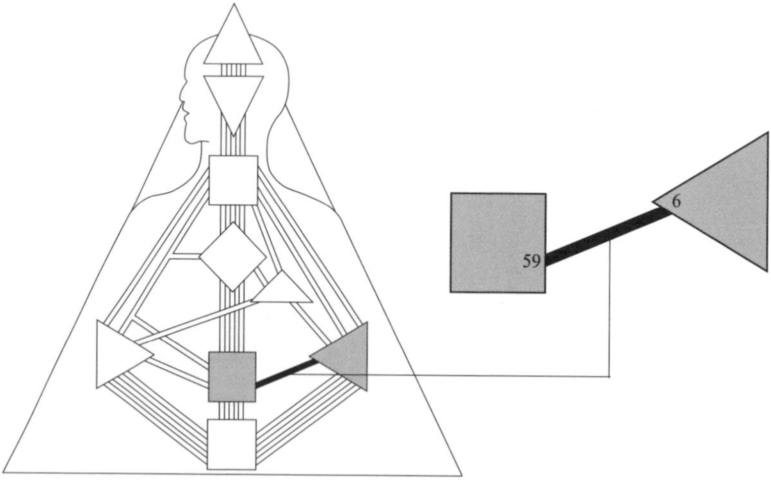

到有發生。

擁有絕佳觀眾緣的美國甜心茱莉亞．羅伯茲

茱莉亞．羅伯茲（Julia Fiona Roberts）被時人雜誌（People）選為世界最美的人第一名，但老實說，茱莉亞羅伯茲並不是那款完美無暇的大美女。嚴格來說，她嘴巴太大，臉上有雀斑，但是你很難不被她溫暖的笑容與親切的嗓音所融化。大家對她的印象從一九九〇年的《麻雀變鳳凰》開始，二十幾年過去了，她依然屹立影壇，觀眾一如過往地喜歡她。她真是永遠的美國甜心啊！她不僅有觀眾緣，在同儕之間也很受歡迎，被演員同儕投票選為「最佳女主角」，幾乎是擄獲男男女女各種階級人種的喜愛。她常帶著自己的小孩出去逛街，穿著打扮樸實，一點架子都沒有。有次曾被路人驚喜認出，茱莉亞還忍不住低聲拜託大家：「對！我就是茱莉亞．羅伯茲啦，但拜託你不要告訴別人！」這個大明星就像鄰家女孩，所到之處無不給人親切好相處的感覺。

瞬間瓦解他人防備

這也就是親密的通道為什麼又叫「人見人愛」通道的原因。他們的存在極其特別，當他們出現的時候，原本人與人之間，為求自保而矗立的銅牆鐵壁，也能在瞬間垮下了，人類圖祖師爺曾比喻這條通道的能量場就像一把熱刀，當它切進一團奶油時，奶油毫無遲疑地，就在那瞬間融化了。似乎只要一靠近他們，自然而然就會喜歡他們，進而想與之親近，而這就是親密通道的威力。

就算是社會的邊緣人，不管再怎麼高傲、特立獨行、冷僻的人，都在不知不覺中，願意與他們親近，若要解釋這樣的狀況，只能說他們讓人喜愛的，或許並非其個性或特質，而是純粹一股親密的能量，可說是一出生就擁有人際關係的「入門票」，無形之中就能討人喜愛，好人緣總是吃香，機會大門也因此極容易在面前開展，真是不折不扣，天生的幸運兒。

贏在起跑點的絕對優勢

這條通道的人之所以具備「人見人愛」的能力，是因為他們肩負讓事情從無到有的任務。以人類生殖繁衍的需求來說，親密的通道讓別人想與之親近，如此才能生出小孩（從無到有），人類才能得以存續。若放在工作的範疇裡，當別人願意對你開放，你才有機會整合眾人的能力，讓事情發生並推進。

取悅周圍的人、與人親近，這些是人類底層極為重要的需求，在兩性關係中尤其如此。有這條通道的人，體內總是燃燒著一股原始的、火熱的欲望，目的是為了繁衍下一代。他們需要性，然後生出孩子。親密通道是人類存續的本能欲望，「人見人愛」是上天給予他們的厲害配備，好讓他們有更多機會、更多選擇，得以繁衍出優良的下一代。

話雖如此，這也不代表有親密通道的人，就能輕而易舉地找到另一半，雖說主動示好的人或許很多，但是他們並非來者不拒，在內心，終究存有一個巨大的疑惑：「這麼多人喜歡我，但是，我喜歡的人到底在哪裡呢？」而且儘管別人很想親近他們，他們甚至可能會覺得很煩，煩惱著怎麼老是有一堆無謂的人黏上來，而為此感到困擾。所以，有這條通道的人，在人際或兩性關係上，往往「有多親密，就有多不親密」，他們可能選擇讓你走進他們的世界裡，讓你這一刻感覺好親近，但是也可能在瞬間完全封閉自己，將你隔絕在外圍，再也不讓你靠近。

適合從事生產與創造的行業

「人見人愛，讓事情從無到有」的能力，不僅適用在兩性關係，也可應用在工作上。他們如果從事行銷工作，能迅速整合多方人馬，讓不同立場的人願意聚集，事情較能迅速推進；如果從事業務工作，因為他們人見人愛的特質，特別適合賣不需要專業技能與知識的產品，只要客戶看順眼就能成交，極占優勢。可是，如果銷售的是高科技產品，或者需要專業知識的商品，「第一眼印象」只算是擁有入門票，此時就考驗著親密通道的人平時是否累積專業實力。若本身就是專業人員，就非常適合從事創作，或任何整合團隊，讓事物從無到有發生的工作。因為這條通道本身，已經具足充沛的生產與創造力，容易在團隊中激發許多靈感與火花，將專案順利完成。

親密的通道聽起來很強、很厲害吧？可是，有些人雖擁有這條通道，卻完全不覺得自己「人見人愛」，為什麼呢？若你無意識到自己其實具備這樣的能力，當別人釋出喜歡或友善的訊息時，不僅不願接受，還反覆質疑別人到底喜歡自己什麼？會不會是另有所圖？請記住：當你無意識否定自己的能力時，將無法善用自己的力量，這不是白白浪費老天爺給你的天賦嗎？所以，為什麼不轉換自己的心態，不管在戀愛或者工作上，都願意真心相信：「老天爺賜給我人見人愛的特質，只要我願意，一定可以整合大家的力量，不管任何人，都一定會喜歡我的！」

給這條通道的人的建議

當你發現自己擁有這條通道，請熱烈擁抱它！想想茱莉亞．羅伯茲從出道到現在，屹立了長達二十年的魅力。親密的通道具有強大的破冰能力，讓一切從無到有發生的奇蹟。老天賜給你這麼厲害的天賦才華，是為了讓你在人與人之間建立連結，不管是兩性、工作、創作上。請你相信自己創造奇蹟的能力，善用它，然後為這世界帶來新的可能。

通道名人：茱莉亞．羅伯茲、愛因斯坦、席琳．狄翁、史恩．康納萊、蘇慧倫、伍佰、《西雅圖夜未眠》編劇諾拉．艾夫倫（Nora Ephron）

7-31 創始者的通道

預見未來潮流，發揮影響力的領導者

定義

真正的領導者。洞悉未來的潮流與走向，以特有的方式溝通呈現，讓大家了解。以科學與邏輯的方式，歸納出一個最可能成功的方式，帶領社會走向未來。這裡所謂的領導人並不侷限於政治人物，可以是各個領域學有專精的大師或佼佼者，

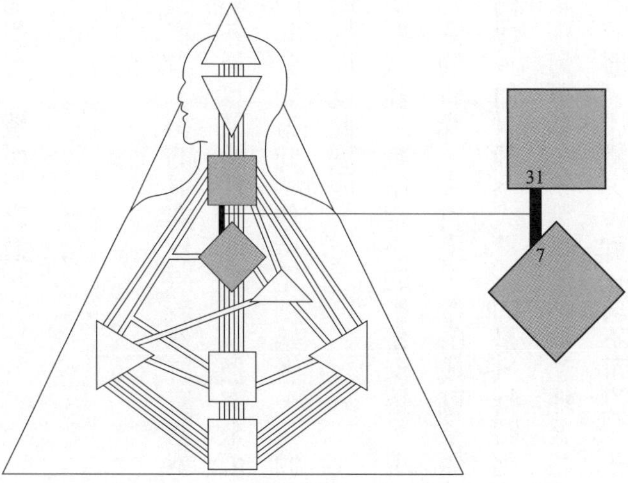

能以其發言或者研究，發揮廣大的影響力，指引出一條可行之道。

指引我們前往未來路徑的居禮夫人

這是一條領導力的通道。在這裡所說的領導者，指的並非僅限於傳統威權型的領導人物，而是能登高一呼，引領眾人知曉各種具前瞻性的理念，能標舉未來潮流走向，並指出社會大眾接下來可以前往的願景與方向。他們是創始者，我們因而得以看見各種前往未來的路徑，而全新的局面就此展開。

居禮夫人具備這條創始者的通道。在科學領域裡，她所帶來的影響深遠，現在我們提到居禮夫人，總會直接聯想到與鐳相關的研究。事實上，她的成就不僅於此，她分別在物理與化學領域都得過諾貝爾獎。而且最令人驚訝的是，當時她因自己的研究獲得諾貝爾獎，卻沒有為此申請任何專利，她選擇全然無私地公諸於世，日後放射化學的相關研究之所以能蓬勃發展，居禮夫人實在功不可沒。

居禮夫人並沒有從政，她以自己的專業，指引世人一條明確通往未來的康莊大道。她的研究與發現，讓放射線有機會被運用在治療癌症上，造福世人。由於她慷慨無私地分享，讓更多科學家得以發揮所長，盡情投身於放射化學的相關研究。居禮夫人曾說：「科學家的天職是繼續奮鬥，徹底揭開自然界的奧祕，才能好好掌握，在未來造福全人類。」有這條通道的人，腦中所想的一切都是關於未來，思考的範疇總會是：該怎麼從舊有的既定模式中，整理歸納出一條可行的道路，他們真誠又充滿熱忱，渴望領導眾人前進。

以邏輯有條理的方式吸引更多跟隨者

這條創始人通道的領導方式，秉持的是科學與邏輯歸納的方法，如同居禮夫人所說：「持續不間斷地努力，將努力的成果化成可依靠的數據和公式，幫助人類前進。」一般大眾信任科學，是因為科學有憑有據有邏輯，聽起來很能說服人，而這也就是這條通道最吸引人之處。同樣的狀況，若遇到徹底跳脫框架的創新方式，就算所提出的解決之道最終證明是對的，卻由於無法給出合理的解釋，眾人難以信服，相對而言要普及，就容易變得窒礙難行。

當這條通道的人以邏輯有條理的方式，自過去的經驗法則中，歸納出一套可行的運作公式，假設未來基於同樣的狀態下，必定也會行得通。他們與大眾溝通分享，試圖說服並吸引更多跟隨者，如此一來，才有機會獲得眾人支持，獲得資源來落實並實踐其理念。

這是一條相當符合民主社會中，領導者被選出並發揮影響力的通道。就如同在各種競選的場合，每個競選人根據不同的邏輯推演，各自表述。大家各自提出政見，相互辯論，闡述各自立場，探討彼此提出的模式，在未來是否真的行得通。邏輯得以辯證，期待愈辯愈明。如此一來，民眾便能深入了解其見解，並自由心證做出明智的選擇，選擇最好的人選，帶領大家走向更好的未來。

用真誠與溝通能力打動群眾

有這條創始人通道的人，若要實踐理念，一定要勇於分享，投入辯證與討論，如此一來，他們的意見才能更清楚被看見。這裡所說的領導才能需要有機會被賞識、被看見，他們需要大量跟隨者，否則空有理念，沒有機會實踐的話，根本毫無意義。而他們是否能吸引眾人跟隨，有很大的因素取決於個人的語言溝通能力。他們愈能清楚表達自己，將意見背後的脈絡、推演的邏輯，清晰辯才無礙的陳述出來，明確傳達其邏輯與背後的真理，便愈有機會獲得大眾支持，得到實踐的契機。

他們敘述自己的理念時，真正打動群眾的，除了清晰的邏輯，最難得的是自然流露的真誠。有這條通道的人若真正活出本質，通常思考的重點，不會落在自身的利益，而是全體大眾的福祉。他們若是以服務之心出發，就能在無形中發揮巨大的影響力。

居禮夫人說過：「人類需要夢想家，夢想家醉心於某種事業，無私去發展，無關乎物質的利益。」她活出了自己所說的話，短短一生，貢獻良多，連愛因斯坦都說：「在所有著名人物中，居禮夫人是唯一不被榮譽所腐蝕的人。」她的確是活出了這條創始人通道的精神，成為領導力的最佳典範。

給這條通道的人的建議

請耐心等待，等眾人辨識出你的能力和才華，邀請你出來領導。在等待的時候，請加強自己的語言表達與溝通能力。並非要你舌燦蓮花，或者練就三吋不爛之舌，而是能清楚地將你內心的邏輯一一陳述表達，不分年齡老幼、各種教育程度的人都能了解。等到被大眾邀請出來，訴說理念時，你才能辯才無礙將自己的理念溝通出來，吸引到堅定的追隨者，不顧一切追隨你，一起去打造更好的世界，讓理念得以實踐。

通道名人：居禮夫人、楊德昌、英國前首相布萊爾、哈理遜·福特、曾雅妮、史蒂芬·史匹柏、珍·奧斯汀、柏格曼、鳳飛飛、波諾

9-52 專心的通道

專注的力量，引導眾人聚焦的能力

定義

這是一股來自生命底層、極為專注的力量，擅長用來集結眾人焦點，集思廣益，思考問題癥結，才有機會改進或創造出更好的運作模式。抗壓性強。面對壓力反而會異常沉著冷靜，當專心一志處理某事時，精神非常集中，能專心審視所有細

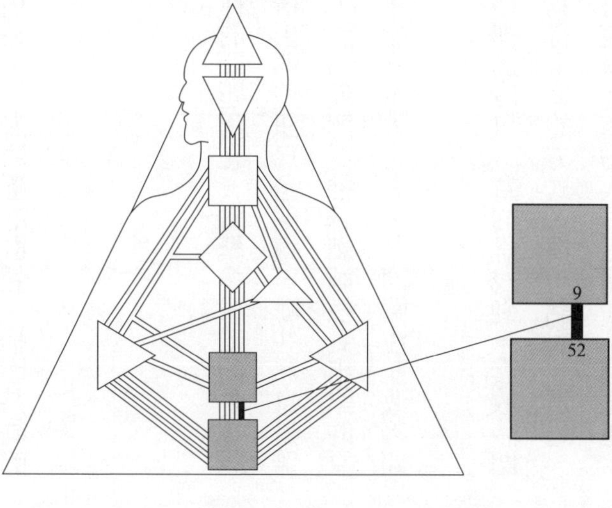

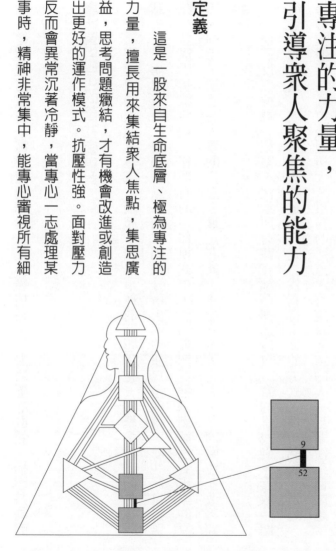

節，從中理出焦點。當他們決心投入某件事情時，能為所屬的群體，指出共同的焦點與方向。

專注是為了改善社會事務

這條通道的人能專注處理細節，找出事件的問題所在。當繁多紛雜的外在訊息，全部湧進來時，他們可以不動如山地分辨出哪些訊息是關鍵、哪些訊息是雜訊，並從中爬梳整理。在既有的運作模式中，試圖理解，抽絲剝繭找到出錯的原因。同時，還能將大眾的注意力聚焦在此，才能集眾人之力，共同關注並改善問題。

他們反覆檢視、觀察、注意所有藏在細節裡的魔鬼，為的是找到一套放諸四海皆準的模式，或者為了改善這套模式，找到行得通的方式。換句話說，這是一條必須運用在社會議題與大眾事務的通道。有這條通道的人一旦關注某個議題，如流浪動物、官商勾結、飲食安全等，就能聚焦並從大量資訊中，爬梳出事件的始末、環節、關鍵點與解決之道，並引起周遭與社會的注意力。以前，這是專屬於新聞媒體的特質，如今在網路發達的時代，有這條通道的人，可以有更多管道與平台發揮自己的特質。

有特別多記者與大眾媒體人員都有此通道，一來是此通道的人若活出自己的設計，一定會很關心社會議題，並試著從中理出始末頭緒；再者，藉由大眾媒體的傳播，他們關心的焦點會引起社會注意。他們的特質就是聚焦社會議題，吸引所有人關注，讓問題因此獲得修正。他們能不動如山地停留在某處，挖出更多細節，審視原本的運作為何出錯。他們檢視所有事實，邏輯性地羅列線索，最後建立出一套他們認為得以運作的方式。

專注的能量本身是中立的，但是把這股能量投注在什麼樣的議題上，出於個人的選擇。若選擇專注在正面的議題上，群眾的注意力就會聚焦在正面的議題上。反之，若專注在負面的攻訐上，那麼群眾也會一齊掉落黑暗的淵藪。加上這條通道的人多半只能集中火力於一件事上，無法分心多用，說好聽是專注，一不小心也容易流於偏執，只能看見自己想看的部分，放錯焦點，或者焦點放在某件怪異的事情上。於是，周遭人的注意力就這樣莫名被導引至奇怪、偏離軌道或者完全不是重點的事情上頭。事件永遠可以以不同的觀點來看，也有不同的切入點能深入探討。而你，有這條通道的人，究竟把焦點聚集在哪裡呢？這是值得好好檢視與深思的地方。

聚焦能力強大

魔術大師大衛．考柏菲（David Copperfield）有這條奇妙的通道，他最為人所知的是，在全世界無數眼睛的觀看下，讓自由女神像消失無蹤的大型魔術。而這也是將這條通道特質運用與發揮到極致的呈現，在精采的表演背後，魔術師必須反覆而專注地詳細檢視每一個細節，所有的環節都要仔細確認。哪些可能會出錯，哪裡可能被識破，是否有可以變得更完善更好的地方，都要花費心力前後思量，絕不能遺漏任何看似微細的環節。如此一來，才能讓整體表演進展得順利又順暢。同時，當舞台布幕拉起的那瞬間，之後的每一分每一秒，他就要萬分專注地吸引住全場的注意力，就算誤導也好，當大眾的焦點被引導到某一點時，往往就會全然忽略私底下正悄悄運作的人事物。魔術就是一場聲東擊西的遊戲，魔術師對此尤其擅長，眾人必須目不轉睛鎖定他所導引的方向，才能讓表演完整又圓滿地傳達出來。

除了魔術師，媒體的運作說穿了，不也是同樣的道理嗎？媒體是最大的聚焦器，它引導社會大眾聚焦在某個特定的議題上。此時此刻，追風追雨聲勢浩大，一旦風潮過後，突然同樣的議題再也沒人在意了。回頭再看，社會大眾有如大夢初醒，開始覺得自己之前所關心的一切，說穿了還不就是一些奇怪的事情，或是討論名人八卦，或是跟著流行失心瘋地失去判斷力，讓周圍人宛如被洗腦催眠一般，莫名對某事某人狂熱不已。

有這條通道的人因為聚焦力量強大，他們對事件的關注，都必然有其影響力，影響範圍大小則取決於此人是否活出自己設計的精髓。格局或大或小，小則在公司揪團，導致整群同事不務正事，花了一整個下午在採買，大則擴展至大衛．考柏菲，施展一手巧妙魔術，吸引全世界關注。當然我們絕對不能漏掉同樣也具備此條通道的賈伯斯，當賈伯斯生前每每發表蘋果新品時，他的一言一行宛如有種磁鐵般魔力，讓我們每一個人都緊盯著電視。不僅是蘋果所推出的新商品備受矚目，掀起風潮，引發極度熱烈的瘋狂討論。他的存在、他的願景、他的風采也都是眾人聚焦所在。他所在意的，讓大眾為之瘋狂，這就是這條專注的通道，發揮到極致的最佳佐證。

若專注在自己的事情上，則易鑽牛角尖

專注是一股難得的動能，專注的當下，壓力與時間彷彿再也不存在了。有這條通道的人天生耐壓，就算來自外在環境的壓力排山倒海，都能不動如山，進入某一種心神凝聚的狀態，冷靜而仔細地研究諸多相關細節。無形中，也就引發了更多人進入他們所專注的世界裡。

無庸置疑，專注的確威力大，但是請好好善用這股力量。若選擇只看自身不足的地方，或深陷負面情緒，只專注找自己麻煩，就會特別鑽牛角尖。如此一來，原本專注的特質將轉變成完全動不了的卡關狀態，反覆不停專注檢視自己哪裡有問題、哪裡出錯。但此刻偏偏容易放錯重點，專注在奇怪或者錯誤的地方，不斷鬼打牆，不管怎麼檢查審視，都得不到正確答案。

給這條通道的人的建議

專注的特質具有巨大的影響力，但請用在社會議題或大眾事務上。不管是什麼訊息，只要你內心對之有所呼應，就可以是你專注的議題。在現今網路發達的年代，你本人就是一個強力放送台，請將你善於聚焦、檢視細節，並找出解決之道與方向的能力，用在公共事務上，而不是鑽牛角尖檢視自己私人之事，才不會浪費你的才華。

通道名人：大衛．考柏菲、賈伯斯、茱莉．安德魯斯、張國榮

10-20 覺醒的通道

我愛，我說，我存在

定義

你的人生中，最重要的是愛自己與接納自己，不管要為此付出什麼代價。若能時刻保持對內心的清明與覺察，必然能尊重自己、做自己。

這條通道的特質抽象且出世，只要活出設計，就能因此求存，更高的覺知將透過你來呈現。關於人的本質、存在的奧

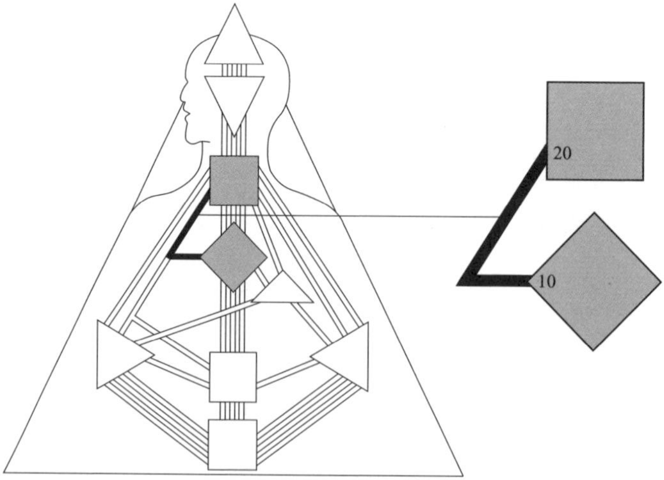

義、該如何自我理解的課題，都能在適當的時機，藉由別人的提問，完美的表達出來，帶給別人力量。

更高覺知與智慧的發送器

擁有這條通道的人，藉由愛自己、接納自己、做自己，並在適當時機表達，為世界帶來覺醒與力量，因此得以求存。有此通道的人，請回想自己是否經常思考自己是什麼樣的人，以及人為什麼活著等問題。特別是童年時，當其他小朋友忙著玩耍遊戲時，這條通道的小朋友在某些時刻，會突然沉浸在與自己年紀不符合的大哉問裡，搞得父母與老師一個頭兩個大。他們思考這些問題，是希望藉著了解自己，好知道如何做自己。他們的「做自己」並非意謂哪些特定的理念或作為，而是認知到自己是怎樣的人，如何以自己目前的形體，過完一生。

做自己對他們來說很重要，當他們真誠地接納自己、愛自己，每個當下都是覺醒的，他們就等於活出禪意與佛陀的本質。

所謂的「靈性」，指的並非是宗教信仰或者上教堂等任何特定的形式，而是意識不被俗世種種外力干擾，不因貪嗔癡讓原本無一物的明台惹塵埃。這是這條通道之所以能「求存」的原因，人類活著並非只是滿足生理上的需求，人不只有追求物欲物質成長的需求，也有靈性與精神層面成長的渴望。人也想理解自己與他人，想知道如何能更快樂、超脫物欲、更有覺知地活著。所以覺醒是一種能力，這便是這條通道為世界帶來的貢獻，他們好比發送器，藉著說出口的話傳遞更高的覺知與智慧，好讓這世界得以接收。

當他們說出內心想法時，自己往往也會對說出口的話語非常驚訝。藉著他們的語言表達出的智慧，先前並不存在，是在問題出現時一瞬間冒出來，藉著語言被他們帶到世界上來。換句話說，這條通道的人往往是處於兩個極端：當他們開口表達時，他們是覺醒的，在他們表達前，他們是沉睡的。但是並非所有這條通道的人都能回答出覺醒的答案，這只有在當他們是處於愛自己的狀態下，他們才能宛如「甦醒」般傳遞真理與覺知的智慧。

等待邀請，展現自我覺醒的獨特性

這條通道的人必須等待別人辨識出他們的智慧，並邀請他們回答。他們在當下的情境，說出口的話，一方面會讓別人發現，他們是如此獨特而覺醒的人（像是眾人皆睡他獨醒）。另一方面，他們此時說出口的話也定義出他們是怎樣的人。他們表達出來的話語往往很獨特，也很個人。如果不是在被提問、被邀請的狀況下說出，容易招致反感或批評。

知名影星、慈善大使奧黛莉．赫本（Audrey Hepburn）有這條通道。姑且不管她的生平和螢幕上的成就，先來看看她說的話呈現出她是怎樣的一個人吧：

「我喜歡粉紅色，我相信大笑是最好的減肥方式；我喜歡親吻，而且還要親很多次；我相信在遇到壞事情時，人總是要堅強；我相信快樂的女孩就是最美麗的女孩；我相信明天會是嶄新的一天，而且我也相信奇蹟會出現。」

在你眼前是否出現了一個清新、坦率、忠於自己、而且能說出自己需求的女孩呢？赫本還說出了這條通道的關鍵句：

「我不認爲自己是個偶像，也不在乎其他人的看法，我只是做自己。」

做自己，才能帶來覺知

所以她一生了孩子就退隱，長時間隱居瑞士。她的確不在乎別人對她的看法，寧可為了自己與孩子活著。她知道她想要的是什麼樣的人生，自己是什麼樣的人，世俗的名聲利益對她來說根本不重要，更遑論對她的看法。這條通道的人如果活出設計，必然對於「做自己」有其獨特的看法。赫本再次出現世人眼前時，在影星身分之外，她多了一個更活躍的角色——聯合國兒童基金會親善大使。因為童年貧窮經驗之故，赫本很希望能改善貧窮地區兒童的狀況，因此經常奔波各地，親自去當地探訪兒童。所以當她說出：「一個女人的美不是只有外表，眞正的美麗是靈魂。」我們聽了會深深地覺得，別的美女恐懼遲暮，但赫本老了，卻還是優雅美麗到令人屏息。她真的像她所說的話一樣，她的美，是靈魂散發出來的美，是靈性的昇華，超脫物質的美，而這是這條通道希望帶給這世界的真理。

赫本不同時期說出的話，定義了她各個階段的面貌。我們藉由她的表達，有時擁有成為更理想女性的覺知、有時得到力量、有時得到安慰，無須虛假地活著。她的一生和她說的話，讓世人看到，做自己可以發揮到什麼樣的力量，得以求存，並帶給世人覺知。

給這條通道的人的建議

這條通道的人要藉由大量的表達，才能將內在的覺知帶到世界上來，也才能讓別人因你而理解，並得以覺醒。但若沒被提問，請不要貿然發言，否則容易被認為異端份子。如果你們愛自己，由衷地接納自己，時時活在當下，就能在正確的時機，遇到看見你才華與智慧的人，讓你內在的真理與更高的覺知得以被聽見。

通道名人：奧黛麗．赫本、馬克思、阿基師

10-34 探索的通道

雖千萬人，吾往矣

定義

源自於對生命的愛，信任自己內在的聲音，不管這聲音在別人眼中有多麼瘋狂與不切實際，都遵循自己堅信的信念過生活。「雖千萬人，吾往矣」，做自己真心熱愛的事情，當你相信自己的人生非如此不可時，真正的力量才得以展現。

這條通道的人若能真正接納自己，愛

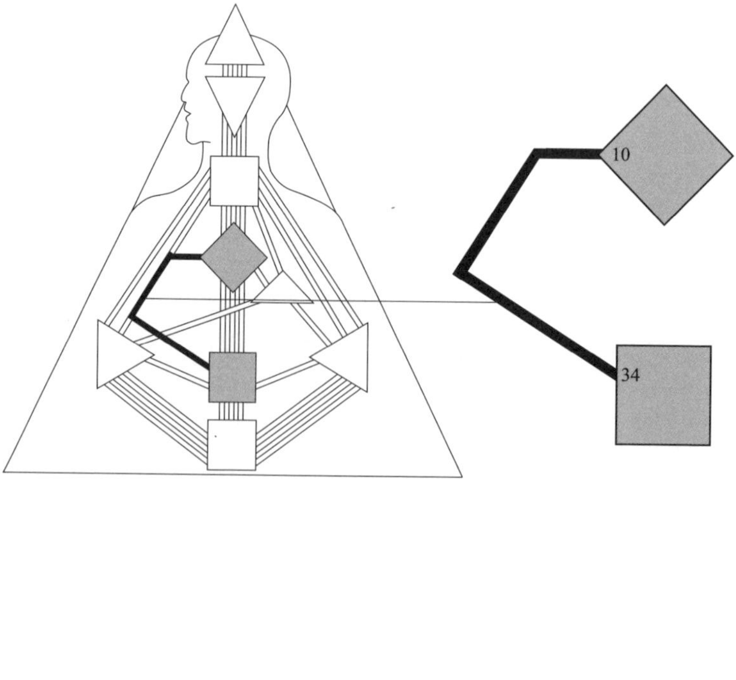

自己，臣服於自己真正想前往的方向，必會從內在湧現無窮的力量，來抵擋外界的阻撓，活出獨一無二，真正的自己。

堅持做自己的女神卡卡

裝扮奇特、發言驚世駭俗、才華耀眼……，有很多形容詞冠諸流行音樂天后女神卡卡（Lady Gaga）身上，但是，她真正讓全球粉絲為之瘋狂的理由，應該是她徹徹底底，完完全全地勇於「做自己」吧！她不掩飾身材的不完美，她自豪於自己的獨特與古怪，她挺身捍衛同志，長期關注弱勢族群；她不諱言求學生涯時遭受同儕們指指點點，認為她是個不折不扣的天生怪胎，甚至對她展開霸凌，至今陰影無法散去……

現在的女神卡卡已經成功地以音樂征服並震撼了全世界。但是，當我們再度回到起始點，回到當年那個史蒂芬妮．傑曼諾塔（Stefani Germanotta），當時的她還沒蛻變成女神卡卡大放光亮，她在以嚴謹著名的天主教學校上學，是個出身富商家族的千金小姐，生在富裕家庭，接受良好教育，她唸書時古典音樂成績優異，還沒畢業就得到紐約大學藝術系入學許可，她知道音樂是自己一輩子的夢，滿心渴望有朝一日，能成為當代流行音樂創作者與藝人。但是她也很清楚，自己的長相與身材並不特別突出，既然一開始，無法單純以音樂吸引眾人，那麼，何不出奇制勝，乾脆恣意妄為，做些全然不同以往的舉動呢？

她決定反向操作，「做別人沒做過的表演」，她穿著怪異暴露，但老實說，當時連她自己都不知道，這些表演與她對音樂的理念有什麼關係，真的能讓她邁向成功之路嗎？她開始邊唱邊跳舞，甚至變本加厲開始脫衣、穿著暴露演出……。她選擇走了一條前所未有的路，這讓她順利吸引了眾人的注意力，沒多久就一舉打開了流行音樂大門，但同時，她的舉動也一度讓父女關係面臨決裂（哪個爸爸能忍受自己女兒好好千金小姐不當，居然穿著丁字褲唱歌跳舞呢？）

堅持自己的信念，以行為走出獨特之路

女神卡卡以她親身的經歷，完全說明了這一條探索的通道，可以如何按照自己的信念過生活。就在峰迴與路轉之間，跳脫了眾人既定的信念與框架，神奇地

走出了一條截然不同的獨特道路。一般人習慣眼見為憑，藉由經驗值來判定一切。在她之前，大家連想都沒想過，也絲毫無法預知這樣竟然也可以走出了一條繁花盛放，成果豐碩的道路。

這多麼像是每個劃時代的創新出現之前，眾人受限於狹隘的認知，而完全無法理解他們所說的話，無法看見他們所看見的遠景，無法明白那執拗到底，雖千萬人吾往矣的孤獨與堅持，裡頭蘊藏了多麼強大的一股力量。那股強韌的生命力，宛如種子萌芽之後，拚命朝著光的方向，吸取任何一丁點的水與養分，不顧一切，猛力生長。而事實上，這條通道讓世人理解的方式，也不是靠口才，而是靠自己的行為，一步一腳印，將路完整走出來。那一刻，大家才會恍然大悟，將嘲笑轉化為尊敬，奉為典範。

這條通道的人並非叛逆，他們只是無法按照世俗的想法過生活，所以容易給人「講不聽」、「難以管教」的感覺。因為不管別人怎麼說，他們就是堅持要以自己的方式來，而他們的方式往往跌破眾人眼鏡，所以並不意外。在堅持人生道路的過程中，他們容易受到打壓，就像一開始女神卡卡的父親與她斷絕父女關係，她不斷被所有人拒絕，至於後來唱片大賣時，連她自己都不敢相信。

因為沒有放棄，就有機會，因為還沒放棄，就不會失敗，頂多還沒成功罷了。就算孤獨也好，憂鬱也罷，這不就是蛻變必經的過程嗎？沒有放棄的女神卡卡如今已經清晰找到自己的定位：「把搖滾樂精神融入流行音樂；把時尚、科技、流行文化都放入表演中，再加以商業化。把這種戲劇化的概念詮釋給大家。」

現在，全世界都看見了她，看見她耀眼得閃閃發光。我們不是藉由她說的話，而是藉著她的表演、她開拓演藝事業的方式、她彰顯自己的角度。她不僅以歌藝表演展現了她的音樂理念，也廣泛傳達了她的意見，她的觀點以及她獨特的看法。人們喜歡她，不只因為她的歌，她的音樂，而是她這個人是如此美麗地活著，堅定又勇敢，坦誠展現自己的全貌，並且完完全全表達出來，成了最好的激勵範例，啟動了她來自四面八方的眾多歌迷，也願意開始擁抱自身的獨特與怪異，釋放原本禁錮自己的諸多限制。相信了，就算有稜有角也可以有一席之地。

大千世界會如此精采，就是因為每個人都可以不一樣，都可以做自己。這不就是這一條通道所帶來的啟發嗎？

請你發亮。以你的方式、以你的獨特，請你愛自己，堅持自己的道路，繼續繼續一直走到底，以你的生命去演繹你所渴望與堅持的美好，這才是真正愛自己的方法。然後就在無形之中，你也將引發別人內在的力量，激發更多人也開始相信，願意好好愛自己，接著奮不顧身地朝著想追尋的道路上，飛奔而去。

以自己的方式定義自己

這條通道對世界帶來神奇的啟發，不見得是個人在世俗的成就，而是當他們走到底，經歷了所有的過程，一切才得以彰顯。這裡頭蘊含的堅持與力量，就是「雖千萬人，吾往矣」的真義。若真實呼應內在的渴求，踏上眾人原本都不看好的坎坷之路，內在會時時湧現一股巨大的力量，披荊斬棘，威力強大無比。

這就像女神卡卡經歷過霸凌、父親的不諒解、剛出道時屢屢被拒絕、成名後廣大的爭議與批評，她依舊能堅定自己的心念。她說：「我不會變成你想要的樣子！」而每張專輯的概念彷彿都傳遞了她真正的心聲：「所有一切都由自己定義，因爲沒有人能定義你是誰。」這就是探索的通道，這是一個很頑固很堅強的設計，活出自己時，內在的力量好強大，足以抵禦外界的諸多打壓。但相反地，若你具備這條通道，卻對以上描述毫無呼應，極有可能你根本沒有好好善用或過度壓抑它，日積月累，這股強大動力會將反撲，長期不被理解或壓抑的結果，容易躁鬱，更甚者會湧現自殺的傾向。

給這條通道的人的建議

走上自我追尋的道路時，你可能覺得自己太過自私，但請不需要為此感覺罪惡。別人也許對你的行徑不表認同，毋須在意。接受孤獨並不可怕，反而能為你帶來充沛的創造力。開創人生的道路上，儘管路途崎嶇難行，沒人知道何處是盡頭，但是，如果你知道現在所走的每一步，都呼應自己的心，那麼，終會有坐看雲起時那一天，這種真實活著的感受，遠比世俗的成就和成功來得更珍貴。

通道名人：女神卡卡、阿基師、班．艾佛烈克

10-57 完美展現的通道

讓美透過我來展現

定義

這條通道的人只要順從直覺，源於內在的喜悅，將美帶來這個世界，經由創造出美的事物，便能找到求存之道。他們藉著反覆修繕，創造出更好更完美的事物。源自於對自己的愛，他們的舉止作為都充滿美，充滿創意。

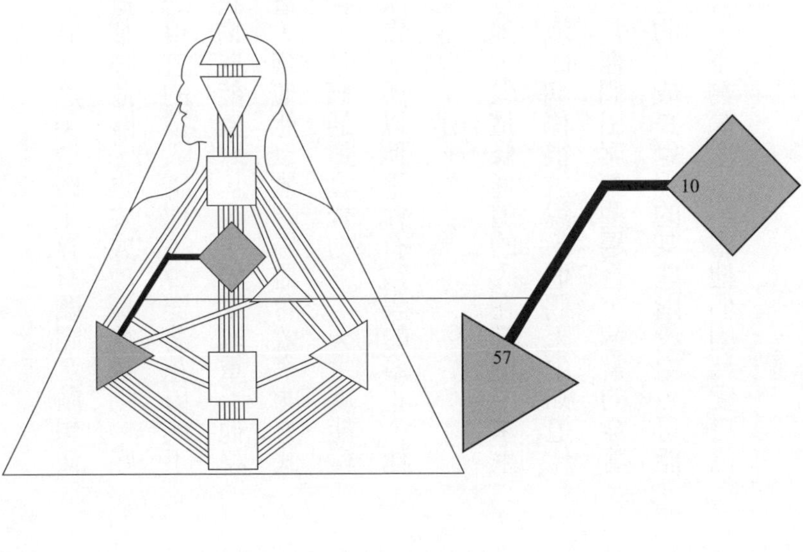

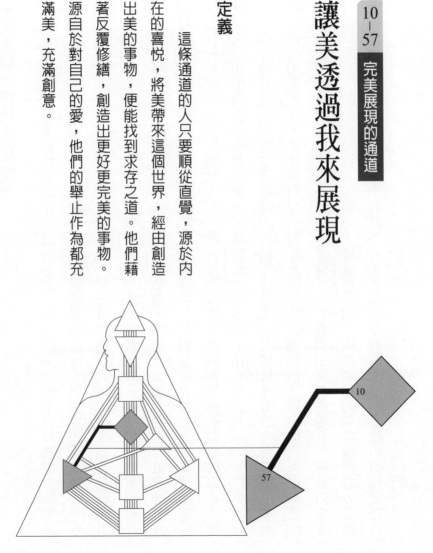

美是信仰，也是求存之道

這是一條因為美而找到求存之道的通道。為什麼美會跟生存有關呢？請想像身處於遠古時代的獵人，他在森林中既要躲避種種危險，也要成功獵得獵物，好求得生存。這條通道象徵善於安排工具、穿著得宜的獵人：他不會穿著花俏或不合腳的鞋子；配合環境氣候與出外的天數，衣物要能禦寒，也不能太笨重；他身上弓箭、小刀、打火器等工具，如何安排放置，讓他能以最順暢最有效率的方式取得，好在關鍵時刻逃避危險，迅速獵得獵物。這條通道直覺力強，天生就能察覺在任何環境中，如何調整行為，符合生存所需。所以他不會有錯誤的舉止，他身上的一切配備都簡潔而必要。因為如此，他得以生存。

如今的社會，具備這條通道的人已無需打獵，但這條通道的人在環境中求生存的能力沒有喪失。這才華演變為對於人與環境的關係很敏銳，他們天生知道什麼場合該穿什麼衣服，「像不像，三分樣」。當他們出席某些場合，適當的穿著打扮與舉止，讓他們特別有說服力。這條通道的人成長過程的某些階段中，可能會不滿意自己的長相：皮膚不夠白、鼻子太大、不夠高……，當他們因為愛自己而接受自己，就能了解怎麼裝扮最能放大自己優點，隱藏缺點，甚至是讓缺點變成優點。而當他們愛自己，發展出自己的獨特品味，不在意世人眼光，他們會特別醒目。他們習慣於美，總是很自然沉浸在美的空間裡，美對他們來說是一種信仰。

將美的事物帶到世界上來

這條通道的人充滿創意，他們經由反覆修繕，讓一切運轉順暢，因此將美的事物帶到世界上來。日本傳統民宿與旅館「一泊二食」的設計，相當符合這條通道的人會作的規畫，這樣的模式讓人在旅途中不需要煩惱住宿和早晚餐，白天有充分的體力和時間在外遊玩，晚上可以好好休憩。有些功能性很強，而設計極簡的生活用品也很符合這條通道會做的設計。

這條通道的人，會重複修改，讓物件的設計與空間的動線，臻至完美。為的是讓人們處在這樣的空間、旅途、環境中，非常舒暢，可以在工作中、生活中都處於最理想的狀態。這條通道盛產園藝家、服裝與空間設計師。他們對於如何裝扮別人的外表與裝置空間，特別敏銳。這就是這條通道為世界帶來的貢獻。

他們容易從事與美有關的事物，不管是完美呈現空間與人的關係，或者是在空間中完美展現自己。現代兩位知名舞蹈家瑪莎・葛蘭姆（Martha Graham）和碧娜・鮑許（Pina Bausch），可說是這條通道將美帶來世界的代表人物。葛蘭姆從簡單的收腹運動，發展出獨特的動作風格。而碧娜・鮑許的作品，「重複」是非常重要的結構成分。她的大型多媒體製作網羅了精巧的舞台與仔細選擇的音樂。這兩位舞蹈家同時也是編舞家。身為舞者，她們經由反覆練習調整，透過自己的身體呈現出美，詮釋每一個美的線條與律動。身為編舞家，她們透過作品呈現美的定義，人在空間的移動，音樂、燈光、服裝與空間都要兼顧。她們也必須在作品中，讓別的舞者可以表達出她們想像中的美。她們藉由創造美，得以生存。

「愛自己」才得以生存

「愛自己」是這條通道的人最重要的功課。他們如果愛自己，就能基於直覺的本能，找到最適合自己的方式，將美帶來世界上，並因此讓別人也能在充滿美的環境中生存。但他們如果忽視自己的存在，或者否定自己，總覺得自己不好看、不美，穿著打扮老想將自己藏起來，他們的求存本能也會沉睡。如此一來，當然不可能發揮創意、表現自己，更遑論讓自己在環境中做最適當的表現。他們反而可能舉止笨拙突兀，如此一來，更不可能幫別人打造或營造美的環境。

給這條通道的人的建議

當你發現自己有這條通道，而你的確愛自己，喜歡與美有關的事物，並協助別人生活在美之中。恭喜，你藉由將美帶給別人，讓自己求得生存。

但如果你與美的行業無關，可以想想看自己生活中是否有與美有關的興趣或嗜好？舞蹈、繪畫、香氛、園藝……。請在生活中找到你真心喜歡的事情，這是一條非常自我中心的通道，只要你真心做自己喜歡的事情，沉浸在其中，你就能在裡面找到喜悅與和諧，並因此創造出美的事物。耐心等待別人邀請，你的才華終有一天會被看見。

通道名人：瑪莎·葛蘭姆、碧娜·鮑許、班·艾佛烈克、曾雅妮、章子怡

11-56 好奇的通道

好奇心是王道，說故事威力大

定義

你有強烈的好奇心，想體驗新事物，你的人生就是一段追尋的過程。過程的體驗遠比結果更重要，請放下對目標的執著，重點不是走到你預定的目標，而是盡情體會這段精采旅程，滿足好奇心也要玩得很開心，就能將自己在沿途看到的、聽

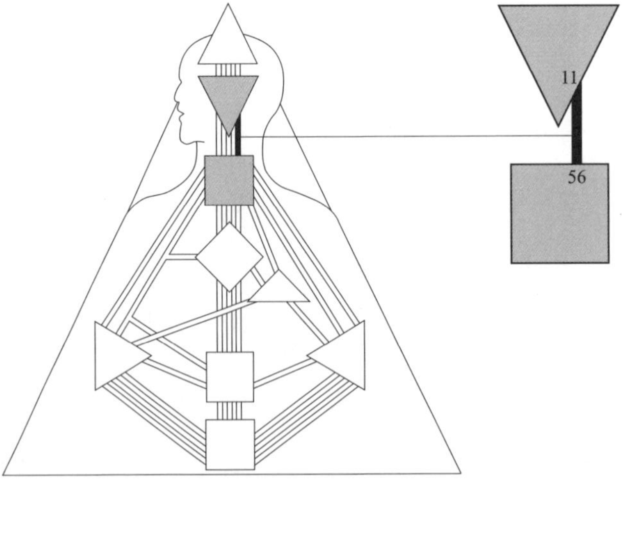

到的經歷，化成精采的故事，藉著說故事的方式，為周圍的人帶來刺激與啓發，從中學習。

說故事來傳遞各種體驗

有這條通道的人很擅長說故事，他們好比古時候的吟遊詩人或說書人，四處遊歷，雲遊四海。旅行是累積人生歷練最好的方式，他們沿路在小茶館、小酒館說故事，同時蒐集更多故事。他們是如此擅長以語言、影像、表演或任何傳播故事的方式，傳遞各式各樣的體驗，而這體驗不見得是他們自己親身經歷，有可能是他們之前所看到、聽到的分享，或眾人過往的經驗。

他們像是活生生的體驗型錄，以自己的生命承載各式體驗，行雲流水般說出一個又一個精采的故事。故事本身不僅有趣，也傳遞了某些特定的訊息。藉由說故事來傳播，讓沒有親身經歷過的其他人，也能明白了解其中的道理，或者感受同樣的感受，進而讓人與人之間日後得以在更高的意識層次上，達成共識，促進進化的可能。

有此通道的人不見得要自己體驗過，才說得出故事。王家衛不會武術，更非一代宗師，但是他藉由拍這部電影，講述了武術的精神與宗師的形象，引發了大眾討論。我們藉著他的電影體會了一個時代、一種精神、一種人物典範。

因好奇心持續探索

有這條通道的華德·迪士尼（Walt Disney）一生非常有趣。他從小愛做白日夢，充滿好奇心，老一邊上課一邊塗鴉、畫漫畫。他對於戰爭有所幻想，一心想入伍，但始終未能目睹真正的戰場，後來因為被動畫未來發展的潛力吸引，投入大量時間學習。終於，他創作出一個以老鼠為原型的卡通形象，這就是風靡全世界的米老鼠。從米老鼠為起點，華德·迪士尼為我們說了好多故事。他發展出以米老鼠為主角的系列電影，接著唐老鴨誕生了、三隻小豬、白雪公主與七矮人……，一部又一部電影，一個又一個鮮活的卡通人物，親切又美好地從電影的螢幕裡跳出來，與我們同在。迪士尼說過：「我並非給孩子拍攝電影而已，我拍的電影是獻給我們每個人心中的孩子，不管我們是六歲還是六十歲。」這也就解釋了我們為什麼即使長大成人，依舊對迪士尼的世界迷戀不已。熱愛迪士尼樂園的群眾，早已超越年齡限制。我們為什麼愛迪士尼？因為這個冰冷的世界需要故事，大人小孩都愛聽故事，以故事串連，我們似乎開始感受到彼此的心跳，心可以靠得很近，就算相隔千萬里，超越時空都能歡聚，在靈魂的層次緊緊相依。

對這條通道的人來說，重點並非最後到達了哪裡、成就了什麼，而是如華德．迪士尼所相信的：「我們保持前進，開拓新的領域並做新的事情，因爲我們有好奇心。」迪士尼童話王國起始於一隻老鼠，而這隻老鼠則起始於一個人探索世界的好奇心。好奇心幻化成一塊美麗的魔毯，承載我們說不清也說不盡的奇異幻夢。在無垠的時空中，盡情翱翔，你看見了嗎？當太陽升起又落下，掛在夜空裡的月亮與繁星，如銀鈴般掉落了一個個故事，你準備好要聆聽了嗎？你準備好與我們一起進入這不可思議的小小世界，自感官向外延伸，開始以無止境的好奇心，一起來理解這個世界了嗎？

有這條好奇心通道的人，真的很容易被許許多多，大大小小的事情所吸引，他們總是想知道更多，他們總是熱心想分享給更多人，他們在有形無形中傳播訊息，而他們散播訊息並沒有特定的目的，卻常常無心插柳柳成蔭。只能說這世界以我們意想不到的方式運作著，你永遠不知道一個故事會在何時或何處萌生枝芽，為荒蕪的人心帶來無窮的啟發。他們宛如一邊吃水果，一邊漫遊的熊，無意在沿路所丟棄的果核，卻因而讓果樹生長的範圍，延伸至遠方。

傳播，才能建立共識

人人都愛聽故事，這世界也需要故事。說一個故事的時間，看一部電影的時間，不必說教，更不必辯證，就能讓我們對某個特定的議題，產生共鳴。故事不過是教育的另一種形式，除了傳遞龐大的知識體系給下一代，我們也能藉由故事的傳播，期待人類得以在最短的時間內，不管在思考認知或情感體驗的層面上，達成共識，而人類進化的歷程可以不再重蹈覆轍。

當有這條好奇心通道的人，透過一雙好奇而新鮮的眼光看世界，將自己發現到的新鮮事，透過消化、轉化與傳播，而廣為人知，生活就變得異常有趣起來。他們說，我們聽，他們說的故事、散播的訊息，意義為何，並非由他們自己界定，而是由聽到、看到、感受到的人來詮釋。

同樣的故事，每個人的感受都會不同，有人可能是看到自己人生的片段，有人開啟了視界，有人一頭栽進去鑽研。但不管如何，這條通道的人只負責成功說出好故事，引發人們共同的關注，引起刺激與啟發，讓更多人同意，並建立共識，好讓大家朝新的方向前進。

給這條通道的人的建議

你有源源不絕的好奇心，想探索這世界。請放下對於目標的執著，就像網路上的訊息分享，無法預期效果與結果。但在說一個好故事的過程中，享受分享這件事，在向外探索的途中，你會有更多新的想法，這些想法都將對我們帶來重要的啓發和影響。

通道名人：華德·迪士尼、史景遷、奧利佛·史東、大衛·考柏菲、海倫·杭特、瑪丹娜、比爾·蓋茲、王家衛

12-22 開放的通道

創造流行風潮，席捲全世界

定義

你的人生要隨著感覺與熱情往前走，雖然強烈起伏的情緒可能對你造成困擾，但它卻是你動力的來源。你的情緒充滿感染力，有時很迷人，但也可能很嚇人。不管是哪一種，都會牽動周圍人的情緒，為人群帶來巨大的影響。

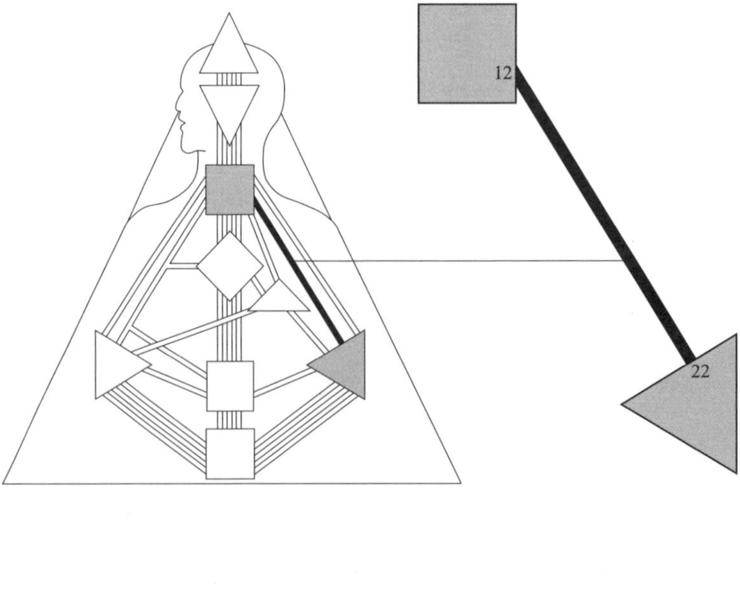

儘管心血來潮的時候，很容易衝動做出決定，請你對自己多些耐性，學會等待，等自己情緒高低起伏的週期走完，才做出決定。不再壓抑情緒，而是學會坦然面對，並好好尊重它，與情緒的高低起伏，和平共存。

跨越鴻溝，創造流行的奧利佛．史東

有這條通道的人擅長創造流行，他們能讓某個事件從小眾品味跨過鴻溝，超越性別與年齡，甚至國籍，被所有人接受，然後爆發成為大眾流行的風潮。他們能將原本乏人問津的人事物，以最容易被理解與接受的方式介紹給大眾，輕輕鬆鬆化繁為簡，讓大家都能朗朗上口。

《龍捲風暴》一書中指出，在品牌、產品或技術廣為流傳，蔚為風行之前，一開始，往往始於一小群我們稱之為技術狂熱者的人。他們可能深入並專業，卻像是活在外太空般，自成一個小宇宙，無法被主流市場或一般消費者理解。這時候若出現某個契機，像是搭建橋樑般的奇妙轉捩點，像是：更改原本的說法，找到合適的名人代言，又或者是移除了使用者不易上手的障礙等等，就有機會讓更多人了解，跨越鴻溝，走到橋的另一端，造成風起雲湧的大流行。

舉例來說，電影《艋舺》若是別人來拍，可能不會有這麼多流行元素。有此通道的紐承澤讓這部片娛樂性高，造成風潮而普及，這條通道非常適合從事流行娛樂業。他們即使探討嚴肅的主題，也能處理得讓一般大眾能接受。導演奧立佛・史東（Oliver Stone），他的作品多為政治與戰爭題材。《誰殺了甘迺迪》是公認的佳作，但絕非深奧複雜，難以理解的小眾電影。他三部知名的反戰電影被譽為「越戰三部曲」，也是非常好萊塢取向的院線片。有這條通道的人不管要傳遞什麼訊息，都清楚易懂，有話題可炒作，還能留下餘味，讓人討論。不管討論的是男女主角選角、配樂、主題……，總之，有這條通道的人絕對會讓他要傳遞的訊息，在第一時間內迅速讓人明白，還能造成話題，廣為討論。

充滿能量的聲音極有磁性

這條通道的人還有一個讓人印象深刻的天賦，當他們一開口，其聲音語調總能表達出濃烈的情感，具有強大的煽動力，讓聽眾不但感同身受，還能備受感動，為之動容。去年（二〇一三年）奧立佛．史東拜訪廣島，向日本民眾發表了一場演說，痛陳日本只是美國的附屬，接收美國販賣的軍火。他的中心主旨清楚，內容激烈，聲音冷靜凝練，卻極富渲染力。他根本不是政治家，卻將自己反戰的立場與理由陳述得令人動容，這就是開放的通道的感染力。當他們熱烈支持某個論點時，就能以引發情緒的方式，傳遞他們的想法。讓人印象深刻的並非邏輯清楚或者聲音好聽，而是這所有元素組合起來，引起的難以言喻的感動。

這條通道的人對聲音很敏感，而他們的聲音也很特別。一開口講話，就讓人忍不住打開耳朵，期待聽見那獨特又充滿磁性的聲音，如何形容他們的聲音呢？那聲音裡似乎帶著某種能量，盛裝著情感的動力。除了內容，還有一種難以言喻的獨特頻率，聲調裡莫名就能傳遞一股向外擴散的渲染力。這也就是為什麼有這條通道的人，很容易成為歌手、廣播人，或從事與聲音相關的行業。

起伏強烈的情緒，正是迷人之處

有這條通道的人，內在充滿時高時低的情緒週期，情緒在高點與低點時所呈現出來的狀態，有極大的差異。情緒處在谷底的時候，整個人可能呈現徹底的孤僻，焦躁不安，完全不想出門，只想封閉在家，與人群疏離。但是，可能只是睡一覺起來，情緒週期卻立即從低轉高，突然搖身一變成為一個精力旺盛，非常社交，講話風趣又討人喜歡的人。別人覺得他們喜怒無常，難以捉摸，其實連他們自己可能都搞不清楚，這來來去去的情緒，究竟有什麼道理。

沒有道理，卻異常迷人。儘管他們情緒起伏強烈，而且難以隱藏，儘管他們容易愛得死去活來，也恨得死去活來，無法低調。儘管他們高興時是社交動物，在聚會裡呼風喚雨，與人為善和樂融融，長袖善舞將每個人都招呼妥貼。但是，當情緒低潮突然來襲，也可能變得脾氣暴戾，看誰都不順眼也不順心，時而衝動火爆，時而黯然淚下，充滿戲劇化的情緒。因為情緒的反差實在太大，他們也常常為此自責，懷疑自己如此難搞，到底是不是個神經病。殊不知，這造就了他們極為強烈的存在感，充滿情緒的動力，讓他們的存在極為強烈，形成莫名的吸引力，讓人著迷。

由於情緒週期的影響實在太強烈了，導致有這條通道的人，在當下往往看不見真實，想法也難免反反覆覆。若能對自己誠實，去體驗每個當下的體驗，了解到自己在每個當下的感受都無比真實，讓情緒的能量流過身體，不管心情好壞，不高興時劈哩啪啦大罵人，高興時，又歡欣鼓舞熱血沸騰，請都好好觀照它。因為你不等於你的情緒，但是你可以學習好好與自己的情緒同在。如此一來，情緒就會與你成為親密的朋友，轉化為一股無與倫比，支持你往前大步邁進的原動力。

這條通道的人若真正活出自己的設計，必定充滿強烈的個人風采，不見得是符合普世價值的帥或美，但必定不會平庸，很有自己的風格。他們也多半氣質優雅，而這優雅並不只存在於淺薄的表面，更不是端個架子的表相，而是經歷了許多是非非，體驗過最激烈的愛與恨、痛苦與快樂、獲得與失去……。春風得意也好，過盡千帆也罷，擁抱過種種情緒，到最後，依然願意懷抱信任，以一顆開放的心，接受並熱愛生命。那是透過光陰淬練出來，冷靜又沉穩的氣質，這讓他們即使情緒高低依舊，偶有瘋狂的行徑，卻不失其優雅，而這就是專屬於這條通道的美好特質，獨一無二，如此動人。

給這條通道的人的建議

尊重自己的情緒週期，若不想社交就不要出門，即使你勉強自己出去，最後還是會破壞氣氛。誠實地跟自己的情緒在一起，儘管情緒有高有低，讓你上一秒與下一秒的決定可能截然不同，關鍵在於，憂鬱煩躁的時候，靜靜等待，興奮高亢的時候，也靜靜等待，等自己完整經歷了情緒週期的上下起伏，再做決定。請相信你所經歷過的每一個事件，都會成為滋養人生的重要養分，最終都將化為生命的力量，要有信心。

通道名人：奧立佛．史東、紐承澤

13-33 足智多謀的通道

記載全世界資訊與祕密的人

定義

你在生命中每個階段不同的體驗，最後都能讓你對人生有更深的理解。你感受愈深刻，就愈能輕鬆看待生命中所發生的一切，見證自己與他人的生命，記錄下所有訊息。獨處對你來說非常重要，如此你才能好好消化並整理自己所經歷的，與聽

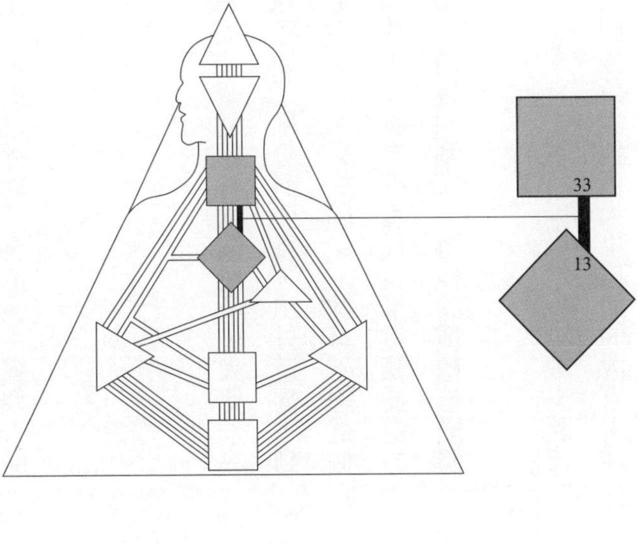

來的事物，沉澱，從中省思，記錄並保存下來，才能傳遞給周圍的人，讓眾人能鑑往知來，不再重蹈覆轍。

蒐集與歸納，凝聚共識

這條通道的原型人物是聖經故事中的浪子：一個父親有兩個兒子，大兒子盡心盡力地管理父親的牛羊、田地和財產。小兒子要了部分財產後，出外遊蕩，到達遠方，歷經了很多事情，最後將錢財全都揮霍完畢，只好回家。姑且不論這個故事在聖經中代表的意義為何，這浪子回頭的故事，相當程度代表了這條通道的特質：他們打破家族傳統常規，出外冒險體驗，最後回到家，將他的種種經歷體驗，傳遞分享給家族中的人。

這條通道的人，如果也有其他行動力強的通道，會自己出外去冒險；若沒有，也會吸引到許許多多有豐富體驗的人，來跟他訴說他們人生旅途的故事。這條通道的人或親身經歷、或聽聞許多故事後，會回到原點。例如上述聖經故事中的家，靜下心來，整理匯集，在諸多體驗間找到共識，集結出一個可行的作法，好讓大家繼續往前走。

記錄、並倒帶回顧，好理解許多人們所經歷的一切，意義何在，是這條通道的貢獻。人們的體驗需要整理歸納，才能凝聚共識，代代相傳，如此一來，人類才能進化。就聖經故事中的大兒子和小兒子來說，大兒子是固守家庭原有的價值和作法，他扮演的角色是穩定不變，用舊的模式持續運轉。小兒子則是出外經歷，讓這個家族中的人理解，外面的世界還有哪些作法和模式，他們目前的生活與外界的差距，是否要調整，以及怎麼調整。這是這條通道之所以為「足智多謀的通道」。他們是因為見多識廣，而汲取出智慧。

見證自己與他人的人生，從中提煉出智慧的西蒙．波娃

西蒙．波娃（Simone de Beauvoir）是這條通道的代表人物。世人知道的她是女權主義者與哲學家，她跟沙特之間交往的關係，以現在的用語來說，是「交往中但保有交友空間」。這在一百年前的兩性關係來說，非常前衛。除了沙特，她還交了很多男友，包括沙特的朋友與她的學生。但是，波娃有一個面向是大部

分的人較不清楚的：她出身富裕家庭，父親原本希望她是個兒子，且希望將這個兒子教育成理工科人才。因此之故，波娃的父親從小便一直對她灌輸「她有個男人的腦子」的觀念。父親灌輸的觀念，不僅影響了她與沙特的關係，也影響了她對於婚姻的想法。她身為女性，不但不認為自己輸給男人，反而要比男人更有成就。男女關係上，她也毫不認為自己應該侷限於女性認命，終其一生為家庭、丈夫付出的傳統角色。

波娃的人生像是對父親的反叛，她也像聖經故事中的浪子，年紀輕輕便出外經歷，情場經驗豐富。她最重要的作品《第二性》也為女性地位、個性與特質如何被塑型，提出了總結。這不僅是她個人的反叛與總結，而是在見證了自己的人生，也見證其他女性的人生後，從中提煉出智慧，好讓所有女性知道自己所處的位子，該如何了解自己，如此才知道，該如何往下走。她從己身經歷出發，卻書寫了一部被譽為女權運動聖經的女性歷史。

善於聆聽，並需要獨處

這條通道的角色，的確很像寫歷史的人。他們記性驚人，可以記得所有發生的一切。一個人能夠經歷的很有限，但他們可以透過聆聽，吸取大量的資訊。這條通道的人很像八卦集散地，他們的能量場會吸引很多人，跟他們說發生在自己身上的事情與祕密。他們善於聆聽，並需要獨處，好靜下心來，整理出這些訊息和資料背後，共同的法則是什麼，如此大家才能好好往前走。

發生在他們人生中的任何事情，出現在他們人生中的人，他們所聽到、見證到的一切，都不是沒有意義的，重點是他們是否能從中理出頭緒。

這是一條領導眾人往前走的通道。他們因為親身經歷豐富、或者聽聞太多，所以明瞭要找到一條必定可行之路，其實很難。即使找到了也意外難免、失控難免，但不能因此就止步。所以，萬一他們走的這一條路不是通往綠洲，而是像聖經故事中遇到強盜，他們也會處之泰然，因為這對他們來說，只是又多了一項經驗值。

所以，這條通道的領導方式，不只是邏輯上的道理，而是出自真實經歷所總結出的道路，因此有血有肉有真實的感受。有這條通道的人，說話讓人感覺真誠，是因為那都是來自親身體驗，或他們自己聽來的故事，是他們以自己的人生實際去碰撞與經歷，而得來的人生智慧。他們帶領的路有可能行不通，提出的方案可能被批評不完美，但是你不會懷疑他們的真誠。

給這條通道的人的建議

你不只是八卦集散地，還擁有可以讓許多人向你傾訴祕密的天賦。這是為了讓你蒐集到夠多資訊，好整理匯聚成一條可行之路。請你多方探索、多多體驗，才能從自己與別人的體驗中，汲取到足夠的智慧。此外，獨處隱居是為了整理資料，請不要耽溺於收集整理，而忘了將自己的智慧跟別人分享。更重要的是，獨處，是為了理出一條往前走的路，千萬不要止步不前。

通道名人：英國現任首相布萊爾、楊德昌

16-48 才華的通道

十年磨一劍

定義

經由反覆不停的練習、修正與學習，終於達到令人驚歎的技藝。你渴望在人生中找到可真心承諾、投入一輩子的志業，沉浸其中，反覆練習這領域中全部細節、步驟等技藝。將最平凡無奇的基本功，操練成千上萬次後，讓技藝昇華為藝術，從學徒變成大師。

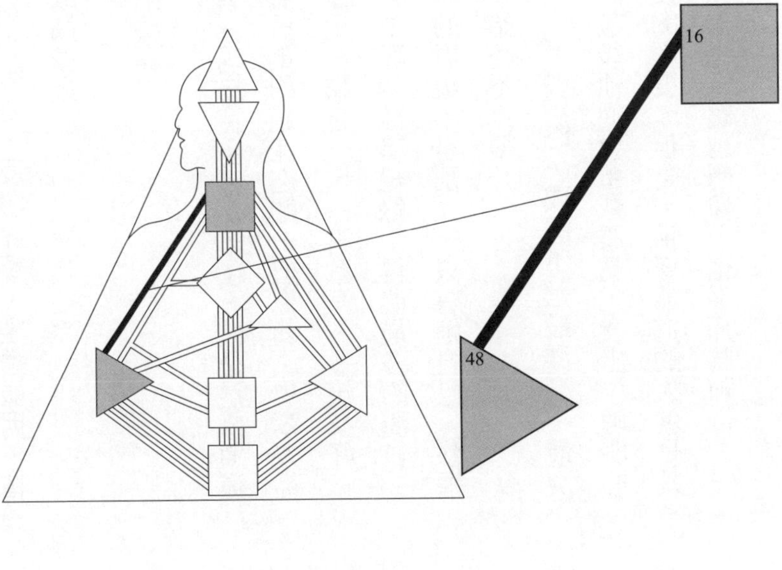

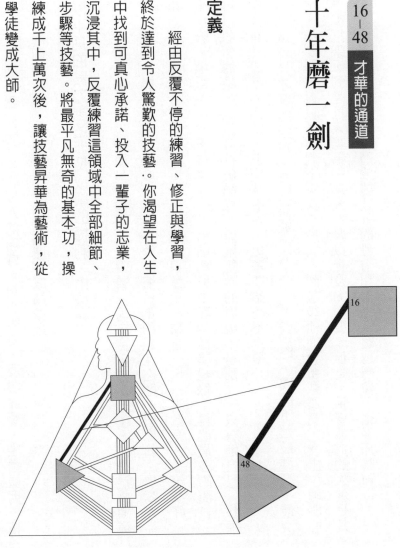

若找到一個你願意全心投入的領域，耐心等待，反覆操練，經過歲月、精力、心血的累積，終有一天會在這領域中成為達人。

以平凡的毅力創造非凡成績的梅莉．史翠普

被譽為地表最厲害演員的梅莉．史翠普（Mary Louise Streep），是這條通道的代言人。厲害的演員很多，討人喜歡的演員更如過江之鯽，但梅莉．史翠普從事演藝事業至今三十七年，她已經無法只是用「厲害」、「喜歡」、「演技好」來形容。她得獎次數多得驚人，是目前奧斯卡與全球獎紀錄中得獎最多的演員。可以想像的是，她還會打破紀錄，而她挑戰的對象不是別人，只有她自己。藝術家都有其成就的顛峰，但顯然梅莉．史翠普始終不停攀升。

這就是才華的通道。有這條通道的人，一開始時，或許不是最漂亮、最突出、最聰明，但只要他們下定決心投入，到最後他們會超越漂亮、突出、聰明的標準框架，到達世人認為「凡人」難以企及的程度。但是，這條通道的人就是凡人，他們只是憑著鐵杵磨成繡花針的毅力和信念，超越想像，化平凡為神奇，一

出手看似普通，卻蘊藏數十年反覆淬練才可得的深厚底蘊。

梅莉．史翠普一入行很快就展露頭角，三十年前就已經連連獲獎。她是一個態度實際，腳踏實地不浮誇的演員。但如果她就停留在三十年前的程度，可能就只是好演員之一。她之所以有今天的成就，在於她不滿足自己的演技。她早期很受肯定，演員雪兒也說她是精準的「演戲殺人機器」，不管詮釋什麼角色，都非常有說服力。但也開始有影評人批評她，說她像是演戲機器，很完美卻沒有人味。於是她開始拓寬自己的選角範圍，演了鬧劇、動作片、喜劇，反覆揣摩演技裡各種角色、各種表演方式，以及自己的可能性。為了將戲演好，她甚至學會了拉小提琴。

練習千萬遍以求達到完美

梅莉．史翠普對自我的要求與磨練並不是立即見效的。有好幾年，她的演藝事業走下坡，但她持續努力，保持耐心，等待好劇本、好角色，終於讓她等到《時時刻刻》這樣能發揮細膩演技的作品。最近幾年，她在《穿著Prada的惡魔》與《美味關係》出神入化的演技，簡直就是劇中人物走出來，梅莉．史翠普完全展現了這條通道「十年磨一劍」的特質，他們的成功絕非偶然。

這條通道的人如此執著，他們會反覆練習同樣的技術一千遍、一萬遍，以求達到最完美最理想的境界。當別人覺得反覆成千上萬次，沒效益太無聊，試圖找出更快速的方式時，這條通道的人就是埋頭苦練，直到有一天鋒芒再也無法被輕易忽略，破匣而出。

從徒弟到大師，技藝昇華成藝術

臻至完美的過程很辛苦。一開始，執著於完美，反而落入對形式的執著。弔詭的是，愈是完美無缺就愈不完美。但若是持續下去不放棄，終有一天，他們將領悟什麼是超越形式的完美。練習彈奏一首曲子上萬次，熟練到每個音符都準確至無懈可擊的程度，但是，這就是完美了嗎？這世界上有多少人過於偏執於技術與技巧上的完美，卻始終少了那麼一點點，那所謂欠缺的一點點，卻是技術無法攀達的頂峰，那是自然流露出的情感，是靈魂層面感動人心的瞬間，若無法觸動情感，就算表演得毫無瑕疵，差之毫釐，相去豈止千里，離完美，仍然遙遠。

所謂的徒弟，所謂的大師，差的只在那一瞬間的心念。若能終於放手，技藝依然透過他們呈現，長久的執著已成無物。此時，無須死守音符必須百分百準確，因為音符早已是準確的，透過長年錘鍊的技術，音樂內化成生命震動的頻率，與你合一，而情感與技藝也默默交融合一，當技藝昇華成藝術，這就是才華通道運作的最高境界。

有這條通道的人極入世，他們才華展現的領域也很實際，通常值得反覆操練的，是能讓生活品質變得更好的技藝。比如茶道、拳術、舞蹈、瑜珈、廚藝、演技等。這條通道的奧義，就像武俠小說裡面的「無招勝有招」。武俠大師閉關，潛心修練招式，有一天突然領悟出道理。茶道達人同樣的動作反覆十年，有一天他無意推開門，那瞬間突然領略到無心的寓意，因此頓悟茶道的精髓。往往最基本最簡單的菜式，如蛋炒飯，每個人都會做，但卻是辨識一家餐廳好壞的關鍵，同樣的動作、流程、招式，經過操演上萬次之後，是藝術，也是底蘊。

投入一輩子的時間與精華，反覆練習，努力累積，剎那間，過往所學的一切貫穿全身，「無招」是從招式中頓悟出來的心法。真正的大師並非胡亂揮舞，亂無章法，而是超越了原先招數的規範，從此隨心所欲，運用自如，不逾矩。

在實際層面反覆實驗與操練，這條通道本身其實很無趣，為了找到最好最完美的方式來呈現，他們不僅耐煩，還很實在、很穩定、願意持續下去。若是真心喜歡，他們真的不覺得練習上萬次有什麼辛苦，反覆操練對他們來說是理所當然，是達成完美的必經過程。而皇天終究不負苦心人，當他們熬過這些必經的辛苦，反反覆覆，有一天，若因緣具足，他們將遠遠超越自己原本的設定，體驗到天人合一的境界。

給這條通道的人的建議

找到一個你願意真心投入的領域，矢志不移。當你確認這是自己真心喜歡的志業，請累積這志業的領域中所有一切基本功。可以在領域中換工作，做不同類型的磨練，但不要換領域，只要沉得住氣，所有的努力終將得到回報。

通道名人：梅莉．史翠普、北野武、廚師波登、導演柏格曼、班．艾佛列克、大衛．鮑伊、張國榮、大衛．考柏菲、建築師高第

17－62 接受的通道

兼顧大方向與細節的管理者

定義

天生的管理者，能為未來找出合乎邏輯的運作模式，或是修改既有的運作模式，使之更為順暢。非常具有邏輯的思想者，能夠洞察出組織裡的每個部分，是如何交互運作著，偵察出錯誤點，尋遍所有相關細節與知識後，提出獨到的解決方

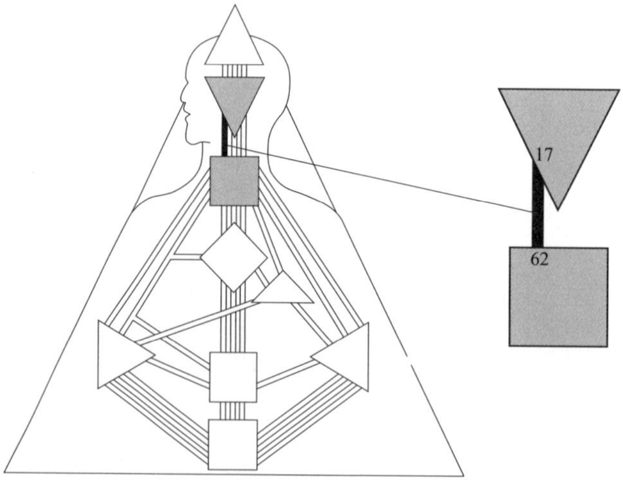

案。懂得如何經營，具備管理的才能。這是許多企業亟需的才華與天賦。

兼顧大方向與細節，天生的管理人才

這是一條關於管理組織能力的通道。有這條通道的人擅長看出大方向，並從諸多細節中，整理出可行的程式和公式，以找出解決之道。他們能建立企業中的SOP，或者緊急應變措施，好讓組織在平常有正確的運作模式。若遇到突發狀況，他們也會盡可能在事先設想好應變措施，務求一切都能如計畫順利進行。他們總能從邏輯和事實中，自行整理出一套秩序，找出相對的應變之道，同時也讓組織中的每個成員各安其位，各盡其用，從中找到管理的真諦。

若只注視著大方向而無法兼顧細節，容易眼高手低。相反地，若只是專注於細節，失去遠景，則因小失大，格局有限。有這條通道的人，天生能兼顧兩者，反過是與生俱來的管理人才。他們掌握了大方向，推演出所有執行的相關細節，反過來說，他們也能從諸多細節中搜尋線索，推演出未來向外擴張的可能。他們可說是改變了組織運作方式的人，在清楚的邏輯歸納下，設立了明確運行的規則，整理歸納公司的走向，具體擘劃事情該如何進行與推動，這就像是鋪上了軌道，火車就能順應軌道行駛。

設立範疇，確立步驟，他們的語言能力佳，擅長以簡潔清晰的風格進行溝通，於是組織裡的每位成員，都會很清楚該如何配合，如何運作，依據規則行事，重視團隊合作，相互截長補短，創造最大的績效，使命必達。

他們也希望在組織內，每個人都能各有所歸，發揮所長。當然前提會以組織的需求為考量，當組織運作順暢，每個工作者在崗位上工作愉快，經驗可因此傳承與累積，組織就能日趨成熟，愈擴展愈大，往下一個更大的方向與願景邁進。

這條通道的人具備優秀的語言能力，他們能將自己的想法以文字清楚精確的表達出來，在當中看見清楚的邏輯推演，都是根據詳實的細節與知識，鉅細靡遺所推演出來的結論。也因為如此，他們所認定的方向，以及接下來該如何執行操作的方式，脈絡分明，合情合理，多半能被絕大多數的人所認同。

賈伯斯讓抽象邏輯轉化為執行過程

有許多有名的企業管理者、專案領導者、特助、總經理秘書都具備這一條通道。賈伯斯就是個明顯的範例，賈伯斯以他的創意風靡世界，可能很多人會以為他的個人風格強烈，不能做為管理人的典範；但是，事實上，身為蘋果的聯合創始者與皮克斯的創立人，如果光有創意，而無法付諸執行，就沒有今天改變全世界的蘋果。這條通道的「指出大方向，同時關照細節，以便落實」的特質，就是驅動蘋果奇蹟的重要動力。

蘋果曾經處於破產的邊緣，經由賈伯斯的整頓，如今它已成為全球最令人豔羨的科技公司。從起死回生到飛黃騰達，他做出了幾個關鍵性的決定，當他重回蘋果，看見內部運作狀態複雜混亂，當機立斷決定先看大方向，刪去無關緊要的項目，大刀闊斧做出整頓，化繁為簡。他說，針對不同用戶，我們只需要四個產品，這就是一個非常經典範例。

同時，堅持細節，也是蘋果最讓消費者感到貼心的地方。他說過一句很有名的話：「誰說我沒詢問消費者的意見？每天早上我不就對著鏡子問這個消費者，問我自己，你要什麼？」他親自參與產品研發，堅持字體排版得細膩美好、外殼的顏色與材質得做到什麼樣的程度，才能讓人愛不釋手、螢幕的像素，貼心而人性的設計。這世界上有很多人熱愛蘋果，卻無法真實說出原因，就是來自於細節的巨大功勞。

大膽嘗試，不斷修正，從日積月累中得出經營管理的智慧。西元兩千年賈伯斯因應科技泡沫破裂的危機，一方面將蘋果電腦設計成可連接其他電子產品，並強化外觀設計。接著，他縮短產品流通週期，並在租金昂貴的高級地段開設蘋果專賣店，這種種不按牌理出牌、有違電腦產業慣常的作為，反而讓產品大獲成功。

這條通道的人擅長讓抽象的邏輯變成執行過程，推動事情發生。他會找到商業組織裡，社會群體中，大家一起運作的模式；他具有傑出的思考方式，既能抓到大方向，又能不漏掉任何細節，但也不會受限於細節裡。但組織愈龐大，細節就愈多，就需要花更多時間將組織裡環環相扣的事實和狀況搞清楚，這樣建立於上的大方向才會穩固。

給這條通道的人的建議

你適合在大企業工作，你的天賦才華應用在觀察、歸納組織運作，並提出一套更好的模式，有助於公司管理。而在你提出規畫前，要掌握所有相關資料與訊息，你提出的意見需要這些大量細節來佐證。

請耐心等待，讓別人辨識出你的才華。等待別人邀請後，再說出自己的想法與意見，眾人會為你提出的想法，與你所具備的背景知識和細節驚歎。但若你未經邀請就貿然發表意見，你所傳達的訊息，聽在別人耳裡，只會變成諸多繁瑣細節，而讓大家覺得非常無趣。

通道名人：賈伯斯、茱莉·安德魯斯、陶大偉、川普、奧修、杜琪峰

18－58

批評的通道

嚴苛的背後，滿懷澎湃的人類之愛

定義

這條通道天生善於挑出錯誤，同時提供評論與判斷，找到問題的解決方法。他們是完美主義者，對追求完美有著莫名的執著，這股驅動力必須用來服務人群，改善社會制度，而非用在親密關係如家人、朋友之間，否則容易因為不斷挑剔，而讓

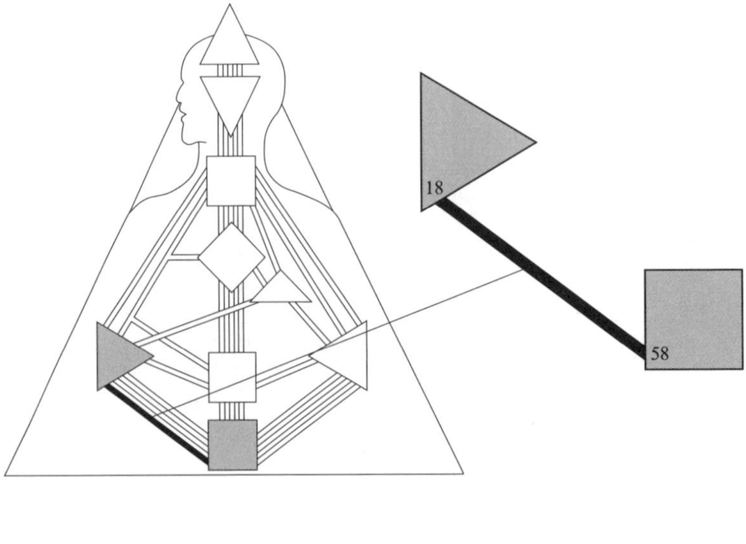

自己的人際關係陷入困境。永遠要記得，完美是一種境界，或許永遠無法存在，而批評的藝術就在於對事不對人，其源頭必須源於對人類的愛。找出錯誤之後，這個世界可以因而變得更美好，這才是這條通道存在真正的價值與意義。

對錯誤敏感，批評是為了完美

這條通道的人對於錯誤與脫軌之事極其敏感，一眼就看出事物扭曲、或系統組織中出錯之處，他們可以清晰地提出批評，試圖糾正亂象。對他們而言，撥亂反正才是王道，是讓這世界重新恢復井井有條的運轉方式。他們待人嚴格，自然也律己甚嚴，唯一讓他們滿意的是，這世界完美無缺，毫無差錯地運轉著。但是，也因為這樣的機率幾近於零，所以他們總是不滿足，非常愛批評，而這條通道的嚴謹與高標準，不僅讓他們自己受苦，也明顯與周遭格格不入，別人覺得他們難相處，難以取悅，他們自己也不容易快樂，很難滿足。

他們就像人類的免疫系統，系統若穩固，一個人才能從事各式各樣的任務和冒險，方能進化。平常看似理所當然，若有一天免疫系統崩毀，生命不復以往，就如同世界崩盤了，再也不能穩定運作。這道理就像是，每一天，我們活著，默默依賴著這世界許多既定的體系，我們看似平凡無奇的生活，其實建構在眾多體系必須持續而穩定地運作的前提之下。例如，穩定的交通系統，每一天火車都要是八點準時發車；穩定的供水系統，所以當我們一轉開水龍頭，一定會有水；可依靠的通訊系統，所以網路可以隨時上線，不管什麼時間點，人與人之間都能以各種方式相互聯繫；穩定的金融體系，讓老闆每個月將薪水轉帳至員工的戶頭裡……。因為世界井井有條運作著，系統照一定的模式運轉，人們便可安心生活。

社會系統的建構者與糾察員——孔子

所以，這條通道的人扮演的就是社會系統的建構者與糾察員，所以他們必定內在有其遵循之準則。因為火車不能愛開不開，郵局不能想休息就關閉，這條通道的人想在這個世界上建立一套很安全、很穩固，可世世代代傳承的模式。他們無法不謹慎不嚴謹，因為既定的體系與模式萬一崩毀，事關太多人的生活權益，豈能輕忽，怎能隨便。

孔子是這條通道的代表人物，他批評時局，周遊列國，遊說各國國王君主，希望得到認同，才能推行他的理念，他不是為了做官或營利，而是心懷大志，對於治理國家的方法勾勒出一個理想的形式，期待能造福天下人。他教育學生，傳遞儒家之道，看到錯誤必然糾正，不管是對待學生或君王，他制禮作樂，「禮」是「節制」，也是「理」，可說是所有人做事處世都能有所依規的準則。

孔子或許看起來有點無聊，一點也不像他的學生子路那麼有趣，他老是擺出老師的樣子諄諄教誨，但他所傳遞的種種關於「仁」、「君子」的道理，一直到現在都還適用。如果沒有他這麼嚴格規範出一個理想之人的品格風範，後世的讀書人可能都不知道在亂世如何自處，在盛世中如何為國家貢獻。從這標準來說，《論語》可說是這條通道的批評與糾正文集，而這套標準，歷經不同朝代、不同價值觀，流傳了兩千五百年，到現在依然能適用。讀讀他說的「大道之行也，天下爲公，選賢與能，講信修睦……使老有所終，壯有所用，幼有所長……」這難道不是現在很多政治人物還在訴求的事情嗎？

挑剔，是他們愛世界的方式

這條通道的人，只要發現模式稍有出錯或行不通，就一定要糾正，如此一來，錯誤才不會愈來愈嚴重。他們看得遠，所以，當他們規畫或建立一套系統時，除了防堵與留意所有可能的錯誤之外，也會預想五十年、甚至一百年後，可能會出現的問題，並提出解決之道。

網路上曾流傳過，中國山東省青島市的下水道工程，是近百年前由德國人建立的。曾有一次，因為零件毀壞，而當地找不到可以替代的零件，不得不向原公司求助。德國公司告知青島公務處人員，在此工程零件方圓三公尺內，必定能找到用油紙包裹的零件包。這就是非常典型這條通道的人會想出的預防之道，他們會盡一切可能，試圖讓失敗或錯誤率降到零，若能以眾人福祉為考量，詳細建構出一套穩定安全、可世代運行的制度系統，就是這條通道活出自己，對人類獨特的貢獻。

如果世界是一整個舞台，他們適合成為架設舞台的幕後人員，打光、聲控、動線安排……。他們將一切控制安排妥當，好讓導演和演員可以盡情施展，感動觀眾。嚴謹是他們愛世界的方式，他們或許看來頗無聊，卻很可靠；他們給人挑剔又難相處的感覺，是因為立即不留情面地糾正錯誤，底層卻是他們表達關懷的方式，這樣的作法也很容易讓人誤會或引發爭議。南方朔和陳文茜都是這條通道的代表人物。看似理性、嚴謹、難相處的底層，實則為極端感性的大愛：為了全體人類的安全，找到大家可以長久運作的模式。

他們的批評雖然以愛出發，但卻常因表達方式嚴厲，而飽受指控。換句話說，這條通道善於挑錯與糾正的能力，若是針對家人朋友猛烈批評，最後就很容易引發抗拒，最後將箭頭轉為批評自己。所以若沒有將這天賦發揮在正確的方向，成為針貶世界的評論家，或者推動理念的權威當局，就很容易搖身變成憤世嫉俗、非常挑剔又自怨自艾的人。

給這條通道的人的建議

請務必將批評的獨特才能，用在與大眾相關的事務上。若能源於愛，那麼你追求完美的特質，一定能在權威體系中找到失序脫軌的錯誤，你所提出的針貶與建議將會達成功用，造福更多人。但是，若只是不斷挑剔、批評家人、朋友與自己，久而久之只會傷害到自己的人際關係，得不償失。

通道名人：孔子、南方朔、陳文茜、奧修、奧立佛．史東、茱莉．安德魯斯、高第

19-49 整合縱效的通道

有情有義，以犧牲換來圓滿

定義

生命中持續面對的課題是，如何秉持內心所遵循的原則。滿足自身需求的同時，也滿足周遭人的需求，同時在實際與公平兩個層面取得平衡。這條通道的人在情感上很敏感，在人際相處中會付出許多精力，渴望與別人親密的接觸。但是這接

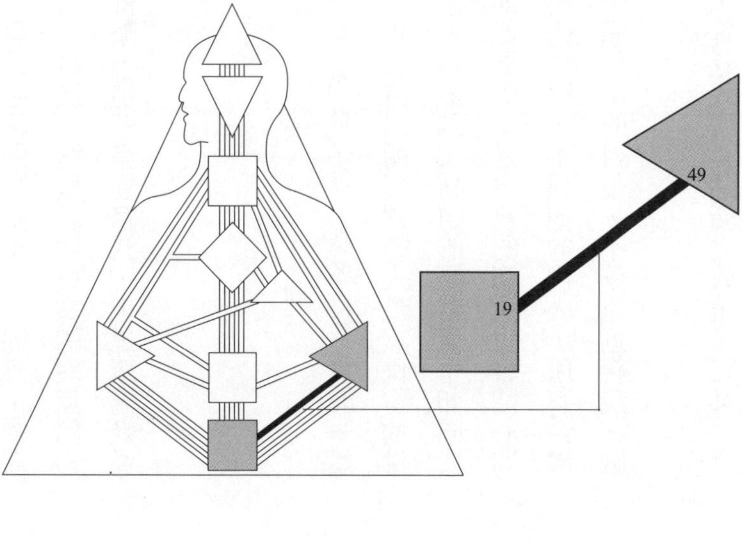

觸是友善的擁抱或敵意的衝撞，則根據情緒的高低起伏而有所不同。另外，這條通道也與食物、環境、社群息息相關，與家人、親友、還有志同道合的朋友們一起相聚吃飯，就逐漸演變成彼此共享資源，維繫感情的重要方式，也是讓這條通道的人感到心滿意足的關鍵。

將台灣人都當自家人付出的林杰樑

這條通道常被我暱稱為最有情有義的代表，簡直就是一條名符其實的「艋舺」通道。有這條通道的人總是如此重義氣，對於自己所關懷的人毫無保留地付出。去年剛剛去世的俠醫林杰樑就有這條通道，他最為人稱道的是當醫生如同俠客，待人接物沒有架子也毫無派頭，巡房時即使遇到不是自己的病人也會關心問候，非常吻合這條通道的特質。他是俠骨柔腸的仁醫，不只他的病人，所有台灣人，在他內心都是自家人，都是他專業上要照顧付出的對象，不分遠近親疏，職業與貴賤。

林杰樑因為長期在媒體上宣導食品安全，針貶政府食品衛生政策，與某些食品業者形成利害衝突，他從頭到尾都不改初衷，富貴貧賤不能移，他從不屈服於業者的強勢與威脅。他說，自己以專業為本。正應證了君子有所為有所不為，他不僅做到醫生視病如親，還義無反顧地，一肩扛下維護台灣人食品安全的重責大任。長期認真研究，仗義直言，最後也因此而工作量太大，過度疲累，遺憾英年早逝，而成為我們這個世代，深具義氣與風骨的典範。

這條通道叫做「整合縱效的通道」，意味著有這條通道的人，在部落中註定要扮演分配與整合資源的角色，他的挑戰就是如何在自己與眾人的需求之間，做出公平且實際的判定，並做出決定。有這條通道的人，隨著年歲成熟，漸漸會走上特定的位置，就如同古代大家族裡，分配資源，掌管祖產的長老。又或者是族群部落裡，負責主持祭典並公正分配祭禮予族人的祭司。若是在黑幫中，必定是那主持公道，做出仲裁的領頭大哥。他也可以在娛樂產業裡，扮演那照顧眾人，同時得分配資源的監製……。這些角色都是喊水會結凍，說了就算數的老大，既然在其位，就難以避免要面對：資源分配很難真正公平。有分配就會產生糾紛，眾人總是會跑來與他吵鬧，藉以索求更多的資源。

犧牲在所難免，重點在於是否有價值

怎麼辦？既然注定遲早要坐在這個位子上，他們就得面對所有的抱怨與索討，甚至因此付出代價，犧牲自己的時間、資源、金錢等，以顧全大局。對有這條通道的人而言，學習如何在眾多需求間取得平衡，需要智慧，同時，他們也不可避免地，不斷在生命中碰觸與「犧牲」相關的課題。

一般人對犧牲的看法很悲情，但是就某個程度而言，為求圓滿，犧牲卻是求取諸多平衡中，不可避免的過程之一。所以，具備這條通道的人，無法逃避，基於家族或更多數人的利益，有時難免得犧牲小我的利益，退讓以求更大的圓滿。既然無法抗拒，生命中迎面而來這樣的課題，那麼值得深思的會是：你的犧牲是有價值的嗎？

如果犧牲短程的利益，足以獲得長期久遠的好處，如果適當的退步，得以換取整體的和諧與平等，那麼，這是有價值的犧牲。反之，如果只是無謂又無目的性，盲目的讓步與犧牲，那麼，到最後也不過是白白浪費了資源，更甚者是讓既得利益者食髓知味，軟土深掘，導致日後不停索討更多利益，甚至迫害到整體家族的存續。那麼，這就是稱之為不值得，並且毫無價值的犧牲。

何時要堅持？何時要犧牲？如何整合？是否退讓？都需要極大的智慧，也考驗著這條通道的人。他們若能在對的時間點做出正確的決定，就能將資源妥善分配，讓部落裡的每個人都能得到充分的滋養。所謂的滋養，不僅限於物質層面食衣住行的需求，還包括了在精神層面上的教育與成長。若能讓部落裡的每個人都豐衣足食，有學養有文化，部落自然而然會因此興盛，進而茁壯。以林杰樑醫師為例，他最讓人欽佩的是，勞心勞力，看似犧牲自己的時間與精力不斷研究，其實他換取的是整體國民的健康。他苦口婆心，不停用各種方式傳達毒物和食品安全的觀念，讓我們除了吃得安全，也愈來愈懂得如何以正確的觀念過生活。長遠來看，因為他的堅持與貢獻，促進整體社會的進化，功不可沒。

對自己人義氣，對外人冷酷

說這條通道的人很敏感，但是，他們的敏感只會用在特定的人與特定的地方上，就像在內心畫上一條無形卻明確的界線。如果你被他們認定為自己人，他們必定會從頭到尾義氣相挺，敏感照料族人的需求，無微不至。這是一種極為原始的情感，沒有理性，無法辯證，絕對的主觀，可以為了保護家族，犧牲自己，在所不惜。反之，若你不屬於自家人，不幸身處線的另一邊，那麼他們根本毫不在乎，也不在意你的死活，若有必要，為了捍衛自己所屬的部落，他們還會向你奪取更多資源來滋養自己的家族。這時候，不但沒有義氣可言，還會殘忍以對，他們的義氣只用在自己人身上，這也是為什麼這條通道也多黑幫份子，或者軍閥，如蔣介石。

他們對自己人有多講義氣，對外人就有多冷酷。他們可以是最溫暖、最無私的人，卻也是最殘忍、最沒有人性的。因為，不屬於他們捍衛守護範圍的人，都是外人。這沒有道理，無關意義，家族的情感或兄弟間的義氣，不是用「道理」可講，也不可能就事論事。以此類推，他們心繫的是整個家族的安全存續，為此他們提供資源分配，也進行約束管制。如果有人不受他們約束，甚至做出顛覆整個家族安危的行為，他們也會站在家族立場，予以驅趕。因為，破壞規則或安全的人已經不是家族一份子了。

給這條通道的人的建議

你天生重義氣，所以首先必須練習：進入任何合作或人際關係前，試著將你的需求說清楚，並在相處時，給彼此空間，試著取得平衡。在關係中理解犧牲真正的目的，是為了大我的興盛和諧，而不只是一昧犧牲。當你能分辨出何者為輕、何者為重，並做出妥善分配時，你所要守護的族人才能得到真正的安全。再者，不要在情緒高亢或低潮的當下，貿然做出重大決定，請多等幾天，讓自己的心情清晰，此時的決定才會是明智的。

通道名人：林杰樑、蔣介石、周星馳、歐普拉、昆丁．塔倫提諾、貝克漢、拳王阿里、達利

20-34 魅力的通道

跑得比獵物還快的獵人

定義

這是一股旺盛無比的生命動能，每當內心對來自外界的訊息有所回應，就會迫切地，想要立即在下一秒化為確切的行動。如此即知即行的結果，讓這條通道的人根本坐不住，時時刻刻都持續忙碌著。

若能從事自己真心喜愛的事情，不斷地起

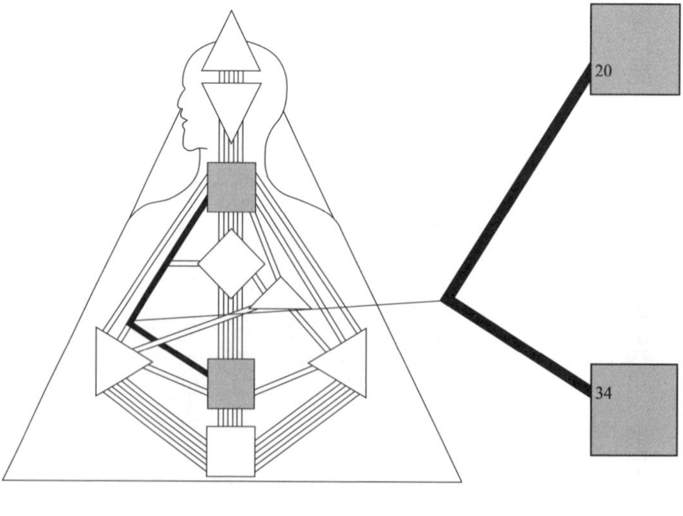

而行，在忙碌中獲得欣喜並且充滿成就感，這就是火力全開的絕佳的狀態。

當你正確地回應生命時，熱力十足的模樣很容易感染周圍的人，讓別人也同樣充滿活力。在別人眼中，當你忙碌做著真心喜愛的事情，真是充滿無限的魅力，這也就是這條通道被稱為魅力通道的原因。反之，若只是一昧地盲目衝衝衝，只會像無頭蒼蠅般瞎忙，倉皇急促的你，將無絲毫魅力。

行動是本能，是活著的證明

這是一條重視效率與快速行動的通道。有這條通道的人不願意等待，想到什麼就會馬上付諸行動。以求存的智慧來說，他是擅長跑得比獵物還快的獵人。「如果人生要有成就，就要勇往直前，不畏艱難。」這是籃球之王喬丹（Michael Jordon）說的話，他也的確活出了這條通道的特質與魅力。喬丹打籃球時動如脫兔，爆發力與行動力無人能及。他曾說：「我不相信被動會有收穫。」對這條通道的人來說，靜止不動就等於坐以待斃，只有行動才能存活。保持行動是他們的本能，時時刻刻都有事情做，確切感覺生命正在急促發生著，才能讓他們感到活得很實在。

這條通道的人一旦行動，就會專注於行動本身。最棒的狀態就是全然活在每一個當下，順應身體的需求直接做出回應。有趣的是，對於自己真正感到呼應的事物，他們的身體會不由自主地靠近：喜歡的人、食物、想做的事情……，身體是如此誠實與直接，吸引與否，往往超乎腦袋的理智所能理解的程度，觀察肢體的語言與動作，早已不言而明。他們似乎不太擅長聆聽，也很容易忽視外界其他訊息，這並不一定代表他們不重視你，而是當他們徹底專注時，其他感官像是會自動關閉一樣，這讓他能真正全神專注。就如同喬丹所說：「一旦付諸行動，我什麼都不想，全心只想著自己要做到的事。」他們會專注於行動本身，務必全力以赴！

無暇回顧，無法從過往錯誤中學習

當然，如此一股即知即行的能量，近乎衝動莽撞，並不代表不出問題，當喬丹第一次宣布退休時，簡直震驚籃壇。更令人跌破眼鏡的是，他居然宣布要轉行打棒球。對很多人來說，他的決定草率魯莽，對球迷不負責任，殊不知這就是典型即知即行通道會有的行為，想法當下已經化為行動。一來很難「深思熟慮」，二來，他行動時也完全聽不見別人的勸告。但是，他們相對在性格中的急躁，也有其有趣之處，由於太急著將想法化為行動，所以當發現行不通了，也不會遲疑，可以馬上修正，何必浪費時間深陷懊惱或羞愧之中呢？當喬丹發現棒球行不通時，他很快地又宣布復出，回來打籃球。個性造就命運，也因為這條通道無暇反思回顧，所以能不念舊、不回顧過去，但是也很難從過往的經驗和錯誤中有所學習，所以，喬丹後來又有第二次退休與第三次復出。

他們重視效率，他們貪快，但往往很容易忘記了為什麼要快，表面上看起來頗有效率，卻也常常漏東漏西，導致最後還得回頭補強才行。其實，他們若有耐性回頭修補，亡羊補牢，也就算了，比較糟的狀況是，往往因為缺乏耐性，常常會覺得修補麻煩，以致半途而廢，事情只做一半遇到點麻煩就直接想放棄，然後很快又投身截然不同的領域，時日久了似乎從來沒停下來過，但也就是胡亂瞎忙，沒累積到應有的成就。他們若能醒悟到這一點，學習有耐性，才有機會將自己旺盛的能量放對地方，有效率地創造出最好的成績，獲得成功。

結果固然關鍵，過程也很重要

即知即行通道的人動作快，除了自己即知即行，也很自然會期待周圍的人以同樣的節奏，迅速回應。他們不管是談戀愛、人際關係或工作的層面上，都偏好快刀斬亂麻。原本火熱的心，若在第一時間沒有得到對方肯定的答覆就冷掉了，等到別人終於回應了，他們的注意力可能早已轉移，已經轉頭忙別的事情。他們不見得能夠理解，這世界上大多數人無法當機立斷，也很難包容別人需要時間沉澱，所以不由自主容易對別人施壓，有時甚至讓人覺得很粗魯。畢竟，人世間絕大多數事物進展的過程，總難免曲折往返，需要反覆檢驗與來回推演。

雖說即知即行這條通道行動力超強又有效率，但也不得不承認，貪快往往難顧全圓滿，事情做完不等於做好，慎思熟慮的確有其必要性。若這條通道的人沒有被正確地指引，很容易淪為迅速將工作完成了，但是品質卻可能只有六十分。談戀愛也是如此，他們老是急躁想立即得到回覆，但是談戀愛的重點，不就是好好體驗這過程嗎？結果固然關鍵，但是馬上得到答覆又怎樣？想想龜兔賽跑，這條通道的人就像那隻兔子，故事的結尾，兔子並沒有贏得比賽，還因為超前輕忽而偷懶睡覺，錯過了所有經過。

如何衡量自己有沒有活出設計呢？照理說，這條通道的人有這麼旺盛的行動力，意謂著豐沛的能量，理應付出行動後，也應當交換到豐富的物質回饋。有這條通道的人可以想一想，自己的行動力到最後究竟換來多少實質上的報酬呢？忙碌到最後，你是否真正在物質與精神上得到滿足呢？喬丹將籃球打好，贏得財富萬貫；具備此通道的阿基師廚藝精湛，名利雙收行程滿檔。換句話說，當你擁有這條通道，實質上卻沒賺到什麼錢的時候，首先要思考，自己是否經常半途而廢，所以你的能量並沒有機會好好聚焦？你是否忙碌做著自己真心喜愛的事情？還是只是胡亂回應，到處瞎忙？既然老天賜與你這條通道，給你即知即行的充沛能量，你有沒有好好善用它呢？

給這條通道的人的建議

你直率、衝動，唯有自我激勵，回應你真正所愛的事物，才能將這股源源不絕的動力化為實質的成就。照顧好自己，找到屬於自己的求生之道，就是此生的首要任務。或許別人會因此而覺得你過於自我，甚至冷漠，你無須為此感到內疚。等待，回應當下，做自己真心喜愛的事情，而非像無頭蒼蠅一樣瞎忙，就算不斷行動，在你如火車頭般向前快速奔馳時，也可以提醒自己要不定時停下來，鍛鍊自己的耐性，看看是否因為貪快而有所遺漏。你可能會發現弔詭且奇妙的是：放慢一點點，反而更快，反而更有效率。

通道名人：喬丹、林書豪、杜月昇、鄧小平、阿基師、李光耀、傑米·奧立佛、蔣友柏、蔣介石、九把刀

20-57 腦波的通道

世界上最聰明的人

定義

擁有靈敏準確的直覺，比一般人更快速而尖銳地看到問題，直指核心。求存能力強，若能相信自己的直覺，就能克服對未知的恐懼、自然地適應各種環境。但是，腦波的智慧需要等待別人邀請後，才能將自己一瞬之間所知的真相說出來，否則將面對別人頑固的反抗，且不會被珍惜。

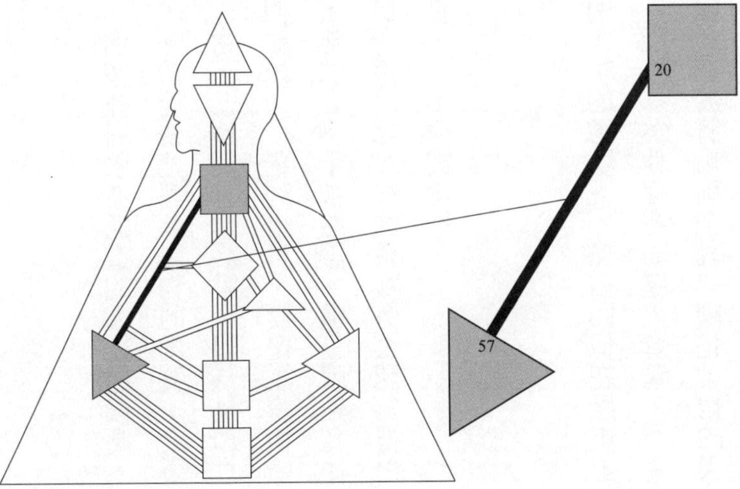

直覺的洞見像電波

擁有腦波通道的人是世界上的菁英族群，名校裡有腦波通道的人比例很高，聰明人中更是盛產腦波人。腦波通道的聰明，在於能快速理解事物的本質。之所以叫做腦波，意謂著直覺的洞見像電波一樣，當下一瞬間直達終點，因為是靠直覺式的洞見而獲得解答，並非邏輯推演。他們並未一一羅列事實、反覆辯證檢驗才得出結論，所以，往往他們所指出的癥結，無法在當下被驗證。這也就是為什麼，若他們沒有被邀請就輕易發言，那麼他們所說的話，往往會被旁人認為很白目，魯莽或只是出於突兀的臆測，不會被當真，也不會被珍惜。

一針見血，直指重點的毛澤東

中國共產黨創始者之一的毛澤東，是聰明人中的聰明人。先撇開他在歷史上的爭議，不論他的形象是被神化或妖魔化，不能不抹煞他存在的歷史意義，一手創造出屬於自己的時代。而他成功的主要原因，在於將馬列主義中國化，他的天才就在於能將種種艱澀的理論與含意，聰明地轉化成連不識字的農民工人都能懂，甚至是一句句毛語錄，他將革命的標語，搖身一變，變成眾人皆可朗朗上口的話語。雖然他是能詩善詞，還寫得一手好毛筆字的典型知識份子，但他跟中共黨內其他人的不同之處，就在於他能透過語言，贏得民心並掌控民心，而這就是腦波通道的「聰明」。

「江山如此多嬌，引無數英雄競折腰。」「悵寥廓，問蒼茫天地，誰主浮沉？」毛澤東寫詩寫詞，字裡行間所流露出來的，不只是才氣而已，而是他總是能一針見血地指出，包括他自己在內的歷代帝王，其爭奪政治權力的野心和本質。這直指核心的理解力不見得討人喜歡，很多他身邊的人都說，他總是以反向思考的角度看事情，迅速且直接，揭去倫理道德的束縛，直接看到人心欲望本質。這樣的特質雖然一針見血，卻也容易令人不舒服。

「一針見血」，非常貼切腦波人說話的方式，他們擅長穿透層層迷霧，瞬間得到答案。跟有此通道的人溝通時，往往才交代前言，他就了解事件始末，甚至舉一反三。向他們說明解釋，不需要花很多精力，他很快就能理解重點。

但也因為如此，也算是聰明反為聰明誤，有這條通道的人很難盲目掉入戀愛的狀態。因為容易看破事物的本質，在戀情剛開始的時候，似乎就能預見之後的情景。以為自己看透了，熱情容易消退，也很容易在尚未真正開始時，已經直接跳入莫名的結論，想得太過清楚，反倒平庸無趣。太聰明，早就預見了結果，很容易就此錯過，並沒有真實涉入，或真正腳踏實地的，實際體驗過程中的每一步。而這世界上有許多事情，真正重要的並不是結果，而是過程，但是他們由於過早下了結論，反而錯過了縱身一躍的契機。

表達能力不好？易因被誤解而惹怒周遭人

另外，有腦波通道的人固然聰明，反應快，這特質用在學習與理解上面很棒，但是，在與人相處和溝通上卻容易出問題。為什麼有腦波通道的人很容易惹惱周遭的人呢？因為他們往往比一般人更快看到真相，往往就在朋友間的閒談之中，突然下了突兀的結論，讓聽的人無法理解，更無法接受。他們並不了解，並非每個人在當下都已經準備好，想聽見真相。雖然日後往往會證明，當初有腦波這條通道的人，講的話是對的。他們也驚訝於一切是如此昭然若揭，別人怎麼可能會看不出來呢？卻不知，那就是屬於自己的天賦異秉，擅長在特定的情境裡，直覺式的偵查出事件的真相；在最短的時間，從事情的來龍去脈中找出條理，等於走最短的距離，就能直接得到答案。

他們雖然理解快，但表達能力差（除非他們有其他擅長溝通表達的通道）。因為其思考的模式太跳躍，導致語言表達可能無法立刻跟上，以至於他們的溝通方式，聽在別人耳中，完全是毫無邏輯，沒有鋪陳，而直接跳到結論，自認講得很清楚，別人卻聽得一頭霧水。由於本身推論的過程，非常跳躍，難以陳述其邏輯推論的過程，因為對他們來說，根本沒有過程，他們都是一聽到開頭，就通往最後的解答。換句話說，腦波人所理解的，和他們表達出來的，中間有一大段落差，需要好好填空，才能讓更多人得以理解，這宛如電波般的聰明，究竟有多神奇。

腦波不僅容易被誤會，自己也懶得解釋，有些腦波人還覺得是別人太笨，反應不夠快的緣故，以至於，演變到後來，腦波人變得只習慣與同樣也具備腦波的人交流，因為彼此反應快，可以迅速理解彼此，話經常只要說一半，就能彼此相對一笑，心領神會。由於這樣的聊天溝通模式，實在很愉快，久而久之，會變得很難與腦波以外的人溝通，即使跟別人溝通時，也容易不耐煩！

腦波常以為全世界的人思考模式應該跟他們一樣快才對，但是事實上並非如此。腦波雖然聰明，想法很多也很棒，但是還是要謹慎選擇說話的時機，同時，也要願意有耐性，好好詳細解釋自己的想法，讓更多人能夠真正了解你。

給這條通道的人的建議

要學習等待別人邀請，才說出自己看到的答案。這對你來說很困難，但請記住，有時候你以為一針見血所看到的真相，對當事者來說，過於赤裸。他們此時此刻還沒有做好心理準備。此時，逞一時之快的話語對旁人毫無幫助，徒增傷害。

再者，你常覺得很多事情很簡單，也就沒有耐心體會別人痛苦的理由，但重點在於，很多事情的意義不在結果，有些人就是得經歷完整過程，才能提煉出自己的智慧。腦波人常因為太聰明，所以跳過過程，或者直接拒絕，這樣反而無法體驗許多人事物底層的東西。或許下一次當腦波人覺得自己「懂了」時，提醒自己，真的只有這樣嗎？在這個答案底下，是否還有別的色彩斑斕的層次，跳過這些風景的人生，雖然黑白分明，會不會太無聊了呢？

通道名人：毛澤東、珍．奧斯汀、李光耀、J．K．羅琳、溫家寶、馮小剛、希特勒

21-45 金錢線的通道

擁抱豐盛物質的人生

定義

充滿強烈的自我意識，掌控慾強，運用意志力，在物質層面獲得成功，並享受豐盛富足的物質生活。難以被控制，無法被駕馭，這是非常入世的設計，你來到這世界就是要來賺錢的，建議你開創自己的事業，掌握領導與主控權，每件事情親力親為。

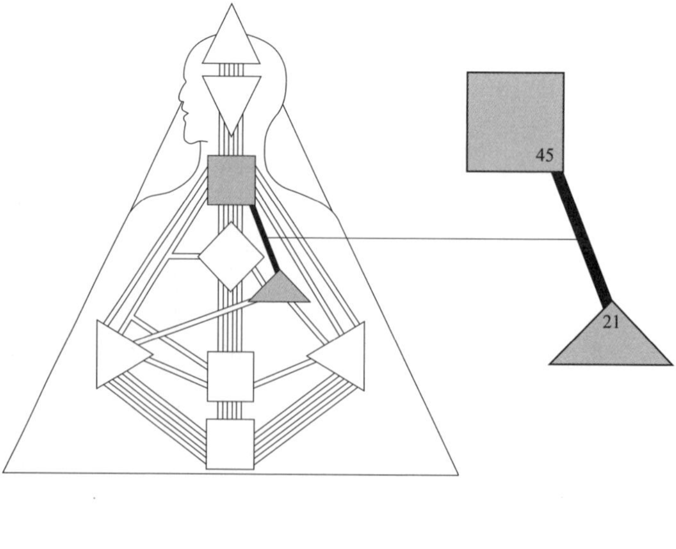

金錢是此生的原點與目標

有這一條金錢通道的人很入世，之所以是金錢通道，並非生來注定有錢，而是會對金錢特別有感覺，他們要不是在物質上豐盛富足，就是特別貧窮匱乏。如果沒有活出設計，成為有錢人，往往會比別人更強烈感覺到自己的窮困。「一簞食，一瓢飲，居陋巷」還能甘之如飴，「不改其樂」，說的絕對不會是這條通道的人。平平過一樣的儉樸生活，他們就是會覺得自己好窮喔！眼裡所看，心裡所想都跟金錢相對應。所以，他們必須完全接納物質生活裡的種種體驗，不管是匱乏或豐富，一旦他們接受自己的設計，便能湧現強大的意志力，用來賺大錢並享受豐厚物質生活。

一定要有此通道才賺得到錢嗎？倒也不見得。有很多成功人士沒有這條通道，那是因為他們的出發點不在賺錢，而是專注於自己的志業或興趣，財富隨之而來。但是有此通道的人，金錢必然是他們的原點與目標。他們是為了賺錢而賺錢，且非常喜歡賺錢，只要跟金錢有關的話題或點子，都能讓他們精力充沛。

主導性強，喜凡事都在掌控之中的川普

有此通道的川普（Donald John Trump）很適合說明金錢通道的特質。川普以房地產、賭場和飯店致富，這些都是跟金錢密切相關的產業，而他後來又因為「誰是接班人」節目聲名大噪，並為他的事業帶來另一波高潮。川普生活奢華，出手闊綽，全身上下看起來就是有錢人的派頭。金錢通道的人喜歡富足的生活，他們就像國王皇后，要過好生活，喜歡好東西，也特別能享受。他們天生有種貴族派頭，彷彿生來就是要下達指令，讓別人做事，為他們服務。

這的確是條主導性很強的通道。為了在物質生活上成功，所以每件事情都要親力親為，確認「一切都在其掌控之下」，以他所預期的進度和方式進行。了解川普的人都說他很了解如何掌握談判的對手。曾有一次，川普試圖說服某公司的CEO買下一棟大樓的經營權。那名CEO出身於其他州，也沒有大手筆購買過房地產的經驗。川普這麼跟他說：「你完全不懂紐約的房地產，而我是紐約房地產之王，我希望能夠主導這件事。」他讓對方覺得，沒有他的參與就不可能成

功，因此合作案順利成交。他強烈的主導性格與控制欲在談判與經營上，不但不是缺點，反而贏得對方信任，並確保交易成交。

「誰是接班人」這個節目的概念，就是要選出符合川普企業精神跟特質的接班人。他不僅是這樣尋找公司人才，對於投資子女教育也毫不手軟。他從子女小時候就培養他們走上商業管理的道路，好接手他的事業。

最好自己當老闆，賺錢照顧員工或家人

這條通道適合獨當一面，其強大的賺錢動能，除了自己享受物質生活的豐盛與富足，也需要照顧家族或下屬，承擔起讓家人或員工過好生活的責任，因此，有金錢通道的人適合自己當老闆，獲利之後分享給員工與家人，若抱持一顆承擔的心，願意照顧愈多人，就會有愈多的錢財流進來，讓大家都能過好生活。

他們必須願意承擔，並且掌控一切，還要有「我說了算」的決心，不能只想到自己，同時得具備照顧自家人的胸襟。若眼光狹窄，只顧自己，就會侷限在貧窮的那一邊。若你具備金錢通道，要通往物質生活的豐盛與富足，有幾個關鍵：

首先，不要虧待自己，享受好品質的生活，才是王道。有很多人明明具備金錢通道卻活得窮困，原因是心中對匱乏的恐懼太過強烈，錙銖必較的結果，只能深陷貧乏的泥沼之中。你要有心，願意承擔，這就像是國王擁有了自己的國土（公司）時，要心懷仁慈，照顧（員工與家人），照顧他們的生活基本需求，同時也要好好教育他們，讓每個人的能力提升，不斷進步，才有機會為整體創造更多產值，唯有國土裡的子民安居樂業，你所經營的王國才能富強與富足。

給這條通道的人的建議

在你們身上，特別能印證金錢有其良性循環與惡性循環。你們若小氣，金錢就流不進來，富足自心開始，會吸引更大的富足。反之若源於匱乏，只會深陷貧困的淵藪，惡性循環。如果你發現自己擁有這條通道，恭喜你，你生來就是要過好生活，請好好發揮所長，擴大你的領土，有廣闊的胸懷願意透過你的努力，得以照顧更多人同享富足。你的意志力堅強，一旦你擁抱自己的設計，只要設定目標，全心全意投入，必能完成。

通道名人：湯姆·克魯斯、梅爾·吉博遜、哈理遜·福特、J·K·羅琳、貝克漢

23-43 架構的通道

是天才？是瘋子？顛覆架構他說了算

定義

挑戰既有的架構與模式，習慣從顛覆的角度出發，不願依循原本的架構來思索事情。總忍不住想重新整頓，思考全新的切入點，建立新的架構。若在正確的時機點提出意見，新的創見將透過你來到世界，扭轉世人原先的認知，也將徹底影響

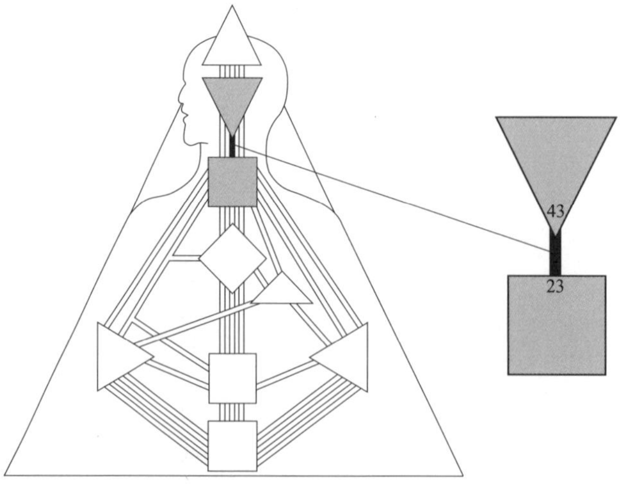

眾人看待事情的角度，引發突變。

天才或瘋子，只有一線之隔

有這條通道的人經常口出驚人之語，其言行與舉止，常常對周遭人事物帶來震撼。所謂的天才與瘋子，往往只有一線之隔，顯然他們是注定要來改變架構的人，自然會選擇以顛覆既定模式來切入，思考與關注的焦點異於常人。偏偏這世界上絕大多數的人，只能根據自己的經驗法則或人生體驗，來理解周圍的人事物。所以，這條通道的人總是顯得如此不同，時而被認為是天才，時而被當成瘋子來對待，甚至與周遭的人格格不入，其實並不是意外。

大家覺得他們很奇怪，他們也覺得自己很難被世人所理解，看似怪胎的思維，其實底層可能蘊藏了宛如天才般的洞見，很難懂？沒關係，看看孫中山先生，他的一生，就是將這條天才到瘋子通道發揮得淋漓盡致，經典中的經典。

挑戰舊有體制、被認為離經叛道的孫中山

生在專制體制下的孫中山，從小就是個令大人不安的小孩。不管是針對政治或者宗教，他經常說出大不敬的話。七歲時，他聽了太平軍老兵講太平天國故事，心生嚮往，就說出：「我不想做皇帝，我要作洪秀全第二。」這個不想當皇帝，想當革命份子的小孩，年紀輕輕已經用迥異於一般人的模式思考，而且不怕表達出來。他後來有更多離經叛道的言行，包括：被哥哥接到國外生活時，勸導檀香山工人不要膜拜偶像，因此再次被哥哥送回家鄉，免得犯眾怒。回家後，他也沒有改變，夥同朋友陸皓東搗毀廟宇神像，被當時村子中的人視為異端。他喜歡批評時局，不怕被砍頭，說了很多鼓吹革命的言論，因為太容易「口出狂言」，還被他的對手取了「孫大砲」這個綽號，意思是譏笑他說話如放砲，喜歡吹牛。

孫中山的一生，不停提出創見與新的作法。他對當時的社會和政府結構提出新的架構，不管是勸鄉下村民不要膜拜偶像，或在被專制統治了幾千年的土地上

宣導民主思想，都有創新的意見。他不只是沿襲國外的作法，也加入自己的創見，提出民有民治民享的主張……，儘管大部分言論，聽在當時的民眾耳裡，會覺得他根本是瘋了，但是，百年之後，卻證明是充滿智慧，以人為本，長長遠遠的政治主張。

無法被理解，並不見得是錯誤，反倒是走得太超前，需要花更多力氣，不厭其煩地與大眾解釋再解釋。若進化是一段長遠的過程，那麼這條通道的人，就像是走在最前方的衝鋒部隊，尾後隨行了龐大的隊伍。隊伍裡的群眾無法看見其所見，無法體會其所體會，無法理解其創新的思維，無法明白唯有真正跳脫既定框架，才有出路。而進化需要整體躍進，每個人都得達成共識才行，因此這也就成為這條通道的獨特任務，如何解釋創新的洞見，一次又一次，一遍又一遍，直到每個人都理解，就成為他們此生可以不斷精進，認真修習的生命課題。

以孫中山來說，終其一生，他四方奔走，到處巡迴演講，每每面對不同族群、階級、年紀、國籍的人，不斷表達並傳遞自己的理念，尋求募款，尋求支援，一次、兩次、三次，他得用各種方式讓不同的人了解他的理念。久而久之，他的想法才慢慢被接受，被散布，直到創新的理念終於生根，日漸茁壯，終於推翻了原本盤根錯節的滿清政權，建立民國。

天外飛來一筆，卻可開創新局

這條通道的人特別能天外飛來一筆，思考出殺出重圍的藍海策略。他所提出的思維與作法，是否能被看見，被珍惜，取決於是否在對的時機點，與對的人溝通。同樣的意見，若在對的時機點說出口，將被視為天才。相反地，若在錯的時間點，只會被當成天兵。該如何判斷，這個當下是不是正確的時間點呢？關鍵就在於，有這條通道的人得等到別人開口來問你，再說。因為這代表著此時此地，對方已經準備好接受全新的作法，該你上場了。

既然明白有這條通道的人不是天才就是天兵。他們的驚人發言，或天外飛來一筆的怪異言論，乍聽之下總不免讓人覺得非常突兀。可能他們的邏輯，跟當前討論的事情完全無法銜接，以至於當下的發言，聽起來如同狂言。請有耐性，試圖再做溝通，若能協助他們將內在的邏輯理順串連起來，轉換成大家能理解的表達方式。你將驚訝地發現，他們真的提出了了不起的創見，真是天才。

學習整理自己的邏輯，讓一般人能理解

有此通道的人雖然老覺得自己不被了解、莫名被打壓。但事實上，他們也並未真正深入去理解，別人為什麼老是聽不懂他們所說的話？長久以來對此所衍生的不耐煩，以及對傳統作法的反叛與抗拒，往往讓他們更加心灰意冷，懶得多作解釋。相對地，也因此隔絕了進一步溝通的意願，而徹底阻絕了相互了解的可能。在此，我們首先要理解，先知總是寂寞的，也接受你們的邏輯與常人不同。所以，別人一開始聽不懂是正常的。既然如此，何不心平氣和，再試一次，換個角度與對方溝通。如果孫中山能一輩子不厭其煩，持續不斷解釋自己想法，革命成功，有為者亦若是，你也可以，不是嗎？

給這條通道的人的建議

你存在的目的是為周遭帶來創見與質變。但是，為了讓你的創見能被珍惜，請不要急於將自己的話講出來，等待邀請，在正確的時間點發言。你也可以進一步在表達後，請別人複述一遍他們聽到的，是否與你的想法相符合。當你在對的時間說出對的話，必能對世界帶來根本的改變。

通道名人：孫中山、U2的主唱波諾（Bono）、達利、畢卡索、愛迪生、索羅斯

24-61 察覺的通道

探究人生本質，爲世界帶來洞見

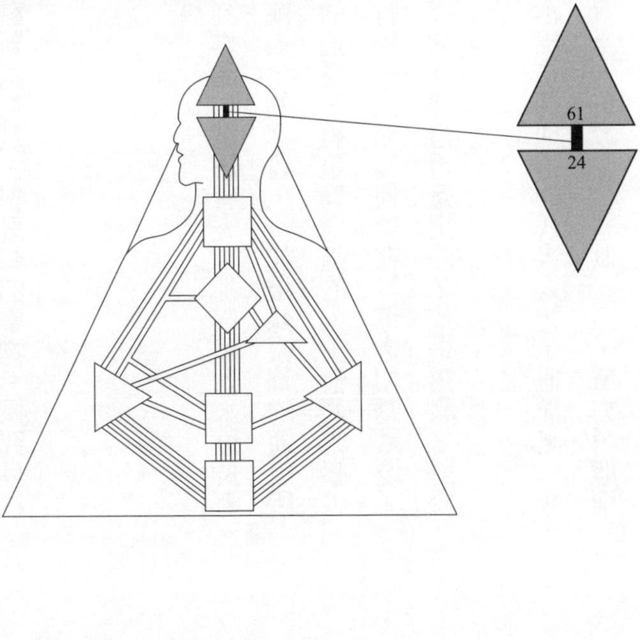

定義

你是偉大的思考者，你生來為了啓迪世人，引導大家思索關於人生的奧祕。

你的頭腦並非用來解決關於自己的問題，而在於啓發別人，讓衆生對生命擁有全新的看法，帶來啓發，讓我們得以看見前所未有的曙光。這樣的頭腦需要持續不斷地，以全新的方式，探索智識上各個嶄新的領域，對既有的事物，探究其本質，並創造出全新的看法。

帶給世界全面性啓發的曼德拉

這條通道很容易令人聯想起羅丹的雕刻作品「沉思者」，那個陷入永恆長考的人。他的腦中彷彿正在探究生命的意義或人生的本質，一如這條察覺的通道所要帶給世人的啟發。這是一條偉大思考家的通道，有這條通道的人，他們的腦中無法停止思考。他們的存在，就是要思考哲學、人類為何存在等等之相關議題，身為人，要如何理想而正確地活著，而現存的狀態是否是扭曲？或是錯誤？對於人類生存本質的相關問題，他們特別有呼應。

去年剛去世的人權鬥士曼德拉，就是活出這條通道的代表人物。他提出「只有讓黑人和白人成爲兄弟，南非才能繁榮發展」的政見。終其一生，努力爭取南非黑人地位的平等，廢除種族隔離。他曾說：「我的理想是建構民主的非洲社會，在這裡，人們和諧共處，機會平等，這就是我想生活的社會。」他所說的這段話，真實闡述了這一條察覺的通道，可以為世界帶來的貢獻：他思考，所以他改變世界。這條通道存在的目的，是為世界帶來本質上的突變，思維就如同一顆種子，開始萌芽，日漸茁壯之後，改變整個體系運行的模式，變得有可能。

曼德拉將這條察覺的通道發揮得淋漓盡致，他對於這個世界的貢獻，何止僅於跨越種族的藩籬？當他離世的時候，有那麼多彼此政見根本天差地別的國家領導人，為了悼念他，齊聚一堂。不管存在或逝去，他讓全世界的人在那時、那地，跨越了種族、政治、國家的狹隘界限，開始思索，真正的平等是什麼？

若能跨越膚色，是否也可以跨越國家、宗教，乃至人與人之間的藩籬？

他對於人類生存本質的相關思考，還包括公布自己兒子因愛滋病去世，為的是提倡「以同等的態度來看待愛滋病與其他疾病」，他再一次為世人帶來震撼，同時也引發人們開始思考：如果心臟病讓人同情，為何愛滋病讓人鄙夷？在膚色上劃分等級，連疾病都要區分，這又是為什麼？

曼德拉為這個世界帶來全面性的啟發。身陷牢獄二十餘年，當曼德拉終於得到自由，並獲選為南非總統時，他在就職典禮上，寬待並禮遇了當年囚禁他的三名白人獄卒。絕非因為他們當時善待過他，而是曼德拉因為他們，修練了自己的心性。雖然在牢裡，心靈卻可以穿越怨恨，他因為寬恕而得到了真正的自由。就算在牢獄裡失去身體的自由，精神層面卻可以全然去思考關於人性，關於何謂理想的生活狀況，關於自由與平等、寬恕與愛，並從中得到洞見。

思考人類與生存本質的問題

同樣具備此通道的馬克思，在一百多年前，已經預先看到資本主義可能帶來的迫害，他從中思考人的存在本質是否會因此異化。而擁有這條通道的電影導演柏格曼，在其作品中，總在探討人生存在的本質，他有句名言：「我對上帝的興趣已經消失，現在我只對人和人的行爲有興趣。」是不是聽起來很抽象，卻是深具本質性的探討。這也說明了生來有這條通道的人，就是要來思考與自己無關，而與整個人類整體處境，還有與生存的本質相關的大哉問。

他們偏好長時間思考，而那神奇的洞見可能會在一瞬間出現，也可能終其一生都無法得到解答。無人知曉他們何時才能真正得到解答，但奇妙的是，當解答現身時，通常會以聲音的形式，不預期地在腦中響起。許多人對這一閃而過的聲音，常會解讀成神的旨意或是更高的召喚，但若了解他們的設計，便會知道這就是屬於他們靈感出現的形式。同時，這也是一條與音樂、聲音、文字息息相關的通道。如果說，每個人跟外界都有相呼應的管道，那麼這條通道的靈感多半會以旋律話語或聽見聲音的方式，一瞬間，在腦海中閃過。這就能解釋為什麼具備這條通道的人，會偏好以文字和音樂，來做為與外界串連的傳達媒介。

透過聲音獲得靈感，以音樂和文字與外界溝通

若將焦點放在與自己無關的事物上，這條通道可以為世界帶來本質的突變，巨大的啟發，但如果用來思考自己的事情，不但完全無法解決問題，還會陷入固定的迴圈，以偏執之心理解外界，最後困住了自己。

這條通道的人喜歡聽音樂，或習慣處在有音樂或人聲的環境裡。腦中可能經常性地響著旋律，或鬧轟轟地同時有很多聲音在對話，這是他們思考問題的過程。常有這條通道的朋友提及，聽音樂反而有助於讓他們的頭腦安靜下來，得以

思考或創作，聽音樂也有助於抒解其頭腦的焦慮。聽音樂時，靈感特別多。

給這條通道的人的建議

學習與自己無法停止思考的頭腦，和平共存。焦慮是正常的，明白靈感將在不預期的瞬間，一閃而過，帶來解答。請好好善用這條通道，為衆人帶來靈感與啓發。

通道名人：曼德拉、馬克思、莫札特、歐普拉、波諾、柏格曼

25-51 發起的通道

冒險是天賦，隨時準備要跳進未知的人

定義

有這條通道的人是不折不扣的勇士，總能在關鍵時刻回應生命，天真地躍入未知。生命的旅程就是一連串跳入未知的體驗，你像勇於挑戰的戰士，具競爭力、好勝，總是挑戰自己的極限，對進入全新的領域毫不遲疑，也因而能獲得嶄新的體

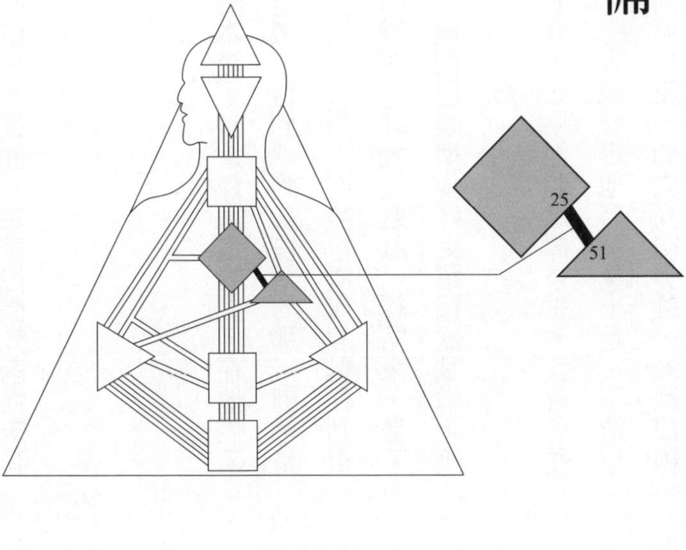

驗，同時，這過程也引發衆人跳脫日常既定的軌道，進而去嘗試他們先前從未有過的體驗。

回應未知，勇於冒險

有一個很妙的比喻可以來說明這條通道的本質，有這條通道的人，在他們還是小朋友的時候，如果玩起積木或堆沙堡的遊戲，他們感到最快樂的那一刻，是在終於完成之後，心滿意足地將之推倒，對他們來說，因為留戀而想保存到永遠，並不是他們所追求的境界。因為在完成的瞬間，代表這遊戲已經結束，毫不眷戀地推倒它，代表的是可以重新再開始了，他們已經準備好更躍躍欲試地，接著去玩下一個全新的遊戲。

有這條通道的人，本質裡有勇於冒險的成分，如果他們選擇嘗試，就會勇往直前，與生俱來洋溢著一種天真無畏的氣質，旁人總覺得他們勇氣十足，不斷想嘗試別人沒做過的事情，例如，他們往往是同儕中第一個去高空彈跳，或選擇轉行，投入全新的產業，而「勇敢」是別人看待他們時的感受，對他們而言，未知就像召喚，他們只是單純去回應罷了。

這整個大千世界對有這條通道的人來說，就像是一座巨大的花園，花園裡面有各式各樣的奇花異草，奇妙的蜿蜒曲徑，還有無限廣闊的山坡與草原。既然如此，為什麼不傾其所有，盡情盡興來探索這未知的一切呢？對他們來說，嘗試新事物不需要勇氣，純粹是「這樣才算真正活著」的感覺。他們特別容易對熱血的召喚相呼應，例如「這件事情現在不做，以後就不會做了」；或者「人不癡狂枉少年」，他們一聽見這種熱血的言語，就恨不得馬上投身去嘗試，風風火火去進行一件石破天驚的大探險！

他們喜愛生活中充滿大大小小的驚奇，就算日日在不同的城市醒來，或經常搬家，享受新事物和經驗帶來新的刺激與靈感，都足以讓他們興奮不已。印度的靈性大師奧修就擁有這條通道，明顯易見，在人類靈性探索與發展的領域裡，他是一枚不折不扣，勇敢又叛逆的靈魂。他的存在與思維，挑戰了一切既有的宗教與社會傳統，乃至許多價值觀，顛覆了世人對於「愛與自由」、「真理與信仰」的認知。他到處演講，挑戰正統的宗教領袖。他曾說，自己的演講是危險的，只有少數有勇氣的人準備好要聽。而只要你準備好注意聽，「就已經踏上朝向再生的第一步。」有這條通道的人，無法在約定俗成的社會規範裡，獲得渴求的人生智慧，他們去冒險，在未知中得到新體驗，從中對自己與世界有不同以往的認知，而突變與進化就變得有可能。

跳脫慣行軌道，引發別人體驗新事物的奧修

對他們來說，跳入未知不僅只限自己一人，他們也很擅長將旁人拖離常軌，引發眾人去嘗試一些平時根本不會涉獵的全新事物。這冒險的體驗可能引爆前所未有的危機，也可能無比美妙，讓各自的生命更加精采。冒險的行徑在於跳脫慣行的軌道，無關好壞，結局不管是危機也罷，轉機也好，都將在各個不同的層面帶來突破與成長。在身心靈領域的許多導師都具備這條通道，他們特別喜愛設定野外求生等等課程，協助一般人跳脫既定的生活軌道，透過各種鍛鍊的過程，帶領學員跳入未知，從中獲得嶄新的體驗與成長。

這或許，也是曾經跟隨奧修學習的門徒所擁有的感受吧！即使到現在，對奧

修靜心有興趣的人，都會被他的靜心方式嚇一跳。在奧修所創立的體系裡有上百種法門，從密宗譚崔到禪宗靜坐，靜心的方式樣樣與眾不同，在印度的奧修靈修園更是大大出人意料，完全顛覆了傳統對於靈修的認知。這樣的顛覆不管是好是壞，是驚嚇是反感或者是驚喜，都可以引發大家更進一步去反省，深切去思索信仰與生命的本質。

而這也就是有這條通道的人對我們所做出的貢獻：如果他真實活出了自己的設計，像個孩子般無所畏懼去嘗試各種新的事物，像是高空彈跳，或者去北極看極光，他的行為本身，也會引發周遭的人開始熱血沸騰，有股迫切渴望去體驗新事物的衝動，而展開屬於自己的探險。

不回顧，只奮力衝刺以迎向新挑戰

在工作上，他們像短跑選手，很適合專案型的工作型態：設定目標，然後達標，任務結束。結束後覺得心滿意足，休息，然後再準備好進行下一個明確的專案，宛如一次又一次的探險計畫。他們不喜歡單調或重複性高的工作，因為舊的經驗已經無法讓人成長，他必須不停迎向新挑戰。他們尤其喜歡目標明確，具有截止日期的案子，為此奮力衝刺，但要注意的是，當全力以赴做完之後，要記得好好休息與放空，任務與任務之間不能無縫接軌，否則精力和心神容易衰竭。

在情感上，喜歡跳入未知的特質，對維持穩定的感情是不利的。他們不念舊，不喜歡回顧。當他們認定某段感情已結束，那麼，對他們來說，這件事情就是走到盡頭，他們絕對不是分手後會藕斷絲連的人。別人心中珍貴的「曾經」，對他們來說毫無吸引力，他們覺得已經走完了一段感情，該展開新的旅程了。

那麼，什麼樣的情人適合這條通道的人呢？最好對方是一個永遠不會讓他厭煩，永遠都有新鮮事可挖掘，值得去探索，永遠不會讓他感到無聊或厭煩的人。可想而知，能不斷滿足他們底層渴望的情人，實在太少，於是他們經常被指責為無情或不可捉摸。其實，如果你深刻理解他們，你會發現他真正迷人之處，就在於不斷冒險，為人生帶來諸多樂趣和體驗。何不給他們一點空間，自由探索，讓他們帶領你去體驗人生吧，那將會對你們的關係帶來意想不到的驚喜！

給這條通道的人的建議

盡情的進入未知領域，不要一直停滯不前，甚至怯於出發。請正視自己內心對於冒險與挑戰的呼應，在跳入未知時，你可能嚇到自己也嚇到別人。但也唯有在這種時刻，你才會體驗到自己靈魂的獨特性以及潛能。就像奧修生前口述的墓誌銘：

從未出生/從未死去/只是在一九三一年十二月十一日至一九九〇年一月十九日間/拜訪了這個地球

對奧修來說，他活著的這段時間，也只是一段跳入未知的旅途。他來地球，為的是引發眾人也能有新的體驗，對生命有新的體認。

通道名人：奧修、高第、西蒙・波娃

26－44 投降的通道

顧客的心理，他們最了解

定義

基於本能，理解對方的需求，在此前提下，選擇將適當的訊息傳遞出去，並自然而然地讓對方了解、接受你銷售的任何概念或商品，這是你與生俱來的本能。天生擅長傳遞訊息、行銷產品或是理念，是你獨特的天賦。懂得如何精準地將想要表

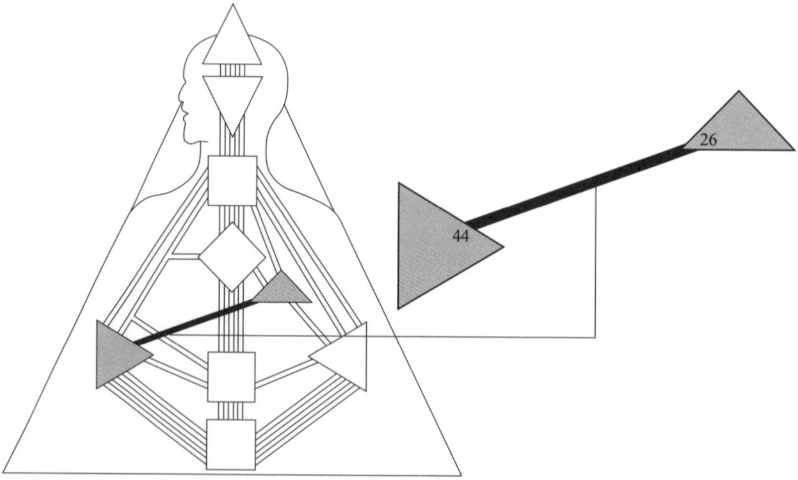

達的內容，傳達給特定的對象或族群，來達成目標。

努力，是為了找到關鍵的轉捩點

這條通道的人具有知人善任的天賦才華，他們擅長挑好東西，能看出人的潛能與事情的潛質，並且懂得如何定位，如何推銷，好讓別人買單。換言之，這是一條非常擅長傳遞訊息、行銷的通道。行銷的本質是傳遞訊息，知道別人的需求在哪裡，用什麼樣的訴求點來打動對方，有這條通道的人，宛如本能般洞悉對方的心理，具備敏銳的直覺明白以什麼樣的角度切入最適宜，不管他的口才好不好，都能打動對方的心，以達成原本設定的目標。

老實說，這條通道的人並不相信「吃得苦中苦，方為人上人」那套人生哲學，對於「一分耕耘，一分收穫」也感到相當無趣。他們認為，像驢子一樣拚命，還不如找對方法，聰明地工作才是王道。說真的，若能找到人生中那難得的關鍵轉捩點，四兩撥千斤般，瞬間翻轉人生，那就太棒了。他們內心是多麼希望能在某個對的時間點，遇到對的人，從此平步青雲，再也不必汲汲營營。他們企盼找到做事的訣竅，以桿槓原理來扭轉局面，若是從此心想事成，那該是多麼美好的快意人生。

懂得展現自我、擅長人際布線的李奧納多

有這條通道的人既懂得挑好東西，行銷出去，他們當然也很懂得如何表現自己、行銷自己，他們的意志力驚人，一旦設立目標，認定是自己所要的，就會堅持執行到底，不善罷甘休。女神卡卡和李奧納多．狄卡皮歐（Leonardo Dicaprio）都是這條通道的佼佼者。以李奧納多為例，他剛出道時，拍的多為藝術電影。他擅長憂鬱、神經質的角色，年紀輕輕，演技出色，與之演對手戲的莎朗．史東曾說過，李奧納多是自己所見過的演員中，最有天賦的一個。但是，李奧納多要一直到演出《鐵達尼號》之後，才開始大紅大紫，就此躍上國際巨星之列。他的走紅看來似乎是幸運之神眷顧，但事實上，他為了轉型，早已做了許多布局與安排。十六歲時，他為了有機會結識名導馬丁．史柯西斯，次年立即換掉自己的經紀公司，為的就是爭取更多機會認識導演。後來，果然順利爭取到他想

要的角色。這條通道的人聰明，他們的聰明並不僅限於在專業領域下工夫，他們更擅長布線，如何說服對方看見他們的優勢，拔得頭籌，搶得致勝的先機。

李奧納多因為《鐵達尼號》中傑克這個角色，獲得國際注目後，讓他有更多籌碼與資源來嘗試各種各樣角色。一次又一次，他不斷證明自己的才華洋溢，不斷翻轉大眾對他的印象。出於敏銳的直覺與強烈的自信心，這條通道的人一旦決心要得到什麼，會單刀直入，勇往直前，為求達標，全力以赴。

唯有成功，才能滿足自己與家族的需求

若能穿過這光鮮亮麗表相，直視底層深處，其實，他們的內在存有巨大的恐懼。恐懼好景不常，恐懼眼前富足終將崩垮，所以，他們更要追尋成功，尋找更棒的機會。他們充滿上進心，因為唯有讓自己不斷進步，才有更大的機會能找出翻轉的關鍵點，如此便能一勞永逸，滿足自己，同時也滿足家族部落的需求。

這是一條與家族息息相關的通道，他們之所以有如此強烈的動力，認為自己非得成功不可，並不是為了自己，而是為了一群人的利益而奮鬥。他們將家人或

自己所歸屬的團隊，視為整體。為了族人的利益，為了滿足部落的需求，為了讓家人過更好的生活，他能靈活機動隨市場的需求，巧妙調整其定位。他們善於成交，是因為他們內在強大的動力，讓他們使命必達，即使採取過濾訊息、巧言令色、閃避必要資訊……，種種引起非議的認知和作法，為了族人的利益，也在所不惜。

這條通道的人希望能以最少的付出，得到最大的收穫。在旁人眼中，他很聰明，不浪費自己的時間和精力。這特質在西方社會被視為創業家精神，能聰明地看到商機，精確出擊，但是，卻不見得能在重視勤勉的東方社會裡被接受。在社會文化下，長久被制約的結果，導致有許多這條通道的人，對自己的「聰明」缺少肯定，總覺得自己不夠勤勞努力，為此自責不已。

其實，這條通道的人很有創意，他們在連結社群這件事情上，特別有天分，宛如本能般懂得如何傳遞訊息，操控大眾購買某些產品。他們真的很適合行銷工作，或者從事電影、廣告或業務行銷方面的工作，若能有耐性等待知音人的賞識，自然能抓住對的機會，發光發亮，成功可期。

給這條通道的人的建議

為了一項任務或專案，你總會要求自己全力以赴。但是，記得在每一次衝刺與努力之後，留一段空窗期，讓自己好好放空休息。

懂得別人的心理並投其所好，以聰明的方式完成工作，並取得最大資源，獲得成功，讓家族過更好的生活，就是你的天賦，請好好珍惜。

通道名人：李奧納多．狄卡皮歐、女神卡卡、李嘉誠、奧利佛．史東、米雪兒．菲佛、三島由紀夫、莫札特、吳宇森

27-50 保存的通道

最值得信任的人

定義

家族價值觀的守護者，社會體系的維護者。非常重視教育，持續不斷向家族裡的人發揮影響力，改變他們的價值觀與想法。既定的傳統價值透過你的存在得以傳承，並形成一股穩定人心的力量。這條通道的人，天生散發出令人信賴的能量場，因為你總是以身作則，值得託付與信任。

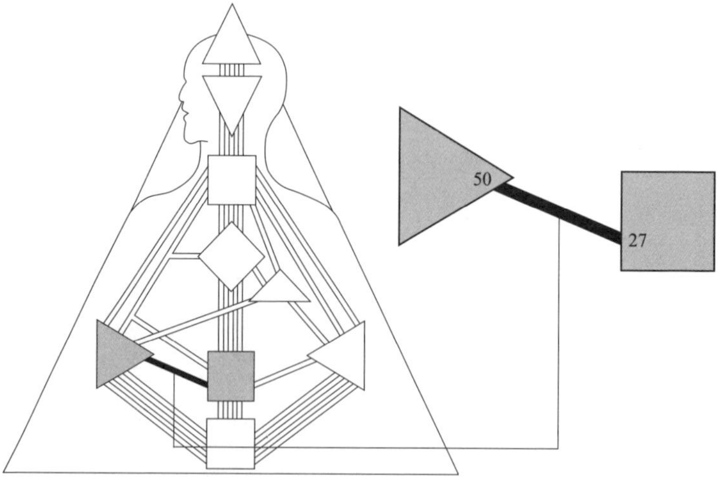

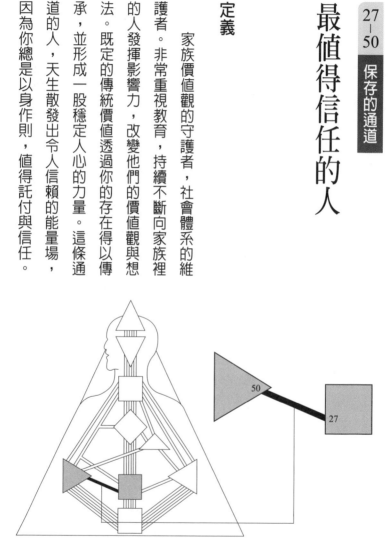

周圍的親朋好友，選擇將他們所重視的物件或任務交託給你，忍不住依賴你，但你也因此容易承擔過多的責任，以至於無法好好照顧自己。

堅持家庭傳統價值觀的茱莉．安德魯斯

電影《真善美》中飾演家庭教師的茱莉．安德魯斯（Julie Andrews）是這條通道的代表人物。不管是劇中角色，或者安德魯斯本人，都很貼合這條通道的特質。她在電影中飾演的瑪麗亞原本是實習修女，修道院希望她去接一份工作：擔任七個孩子的家庭教師。這七個孩子的媽媽早逝，爸爸則是軍人，官拜上校，他以軍事管理的方式教育小孩卻沒有成效。當溫暖有愛的瑪麗亞來到這個家，她教孩子們唱歌、遊玩、演布偶戲等才藝，慢慢感化並贏得孩子的喜愛。在這部片裡，瑪麗亞這個角色，完整呈現出這條通道所代表的含意，滋養關懷下一代，同時也要教育他們養成正確的價值觀，缺一不可，方為教養的真義。

茱莉．安德魯斯扮演家庭教師的形象，深植人心，或許就是因為在真實的世界裡，她本人也具備了這條保存的通道，那種天生散發出自然而然「值得信賴」

的氣質，說服了全世界的觀眾。她就是那慈愛的瑪麗亞老師，不做二人想。而安德魯斯本人，其實也是一位堅持家庭傳統價值觀的女性，她與丈夫結縭三十餘年，至今依舊恩愛，她也非常喜歡照顧小孩，除了自己的孩子，她還收養了好幾個孤兒，更以茱莉愛德華為筆名，以作家的身分，出版了數本兒童文學作品。

提供滋養、以身作則的家族守護者

正如這條通道的人會負起照顧一家老小的責任，是家族的守護者。他們提供資源，滋養大家，這滋養可能是食物、時間，或者是照顧的心力。他們大多喜歡下廚，以食物餵養眾人。這餵養既是物質的，也是價值觀的餵養。透過他們的教育與養護的過程，同時傳遞屬於家族內部的價值觀，最後形成這個家族裡，每個成員遵循的法則。

他們認定某些特定而美好的傳統價值觀，既然要教化家族裡的每個人，自己當然要先以身作則。他們的存在是如此堅持而穩定，值得信賴。既然成為家族中訂定準則的人，他們一旦決定了家族裡是非對錯的標準，所建立的價值觀就不會朝令夕改。他們是穩定家族的磐石，是家族價值觀的守護者與傳遞者。

也因為如此，這條通道的人過得比較辛苦。一來，他們是制定規則的人，是非對錯對他們特別重要，在判斷與制定規則的過程中，相對也給自己設下諸多框架，不停提醒自己什麼可以做、什麼不可以做；什麼是對的、什麼是錯的。若是遇到與自己相衝突的價值觀時，也會特別看不順眼。二來，他們自己一定會以身作則，遵守自己制訂的法規，他們很穩重，很老成，相對也變得守舊，持續地教導與傳遞固有的美好，守護著自己所愛的人，不動不移。

不負所託，值得信賴

有這條通道的人，一出現就很容易博得大家的信賴，也因此他們真的很適合從事與兒童、保險、土地、房仲、銀行等相關的行業，這些全都是對人們來說很重要的事物，特別需要安全感，我們將重要的任務託付給有此通道的人，相信他們必會不負所託，值得信賴。

當他們照顧別人，承接別人交付的任務與責任時，要特別注意。先將自己照顧好，讓自己先得到滋養，否則承擔過多容易勞累。對於需照顧的人事物，也要正確回應，若直覺認為某人某事有問題，請信任自己的直覺，不要將所有事物都攬在身上，否則最後不但無法適當照顧別人，自己也會身心俱疲，先垮下來。

給這條通道的人的建議

你喜歡照顧別人，很懂得如何與孩子相處，在照顧的過程中讓孩子得到最好的滋養與教育，自然而然變成家族的守護者，與資源提供者。付出的同時會心甘情願，非常快樂。照顧別人時，無怨無悔。但若被辜負或背叛，會非常難過而斷絕滋養！此時，自己受到的傷害也很劇烈，所以正確的回應照顧的對象和選擇受託的任務，是你重要的課題。

通道名人：茱莉·安德魯斯、李小龍、茱麗·蝶兒

28－38

困頓掙扎的通道

找到意義，化不可能爲可能

定義

你的人生是一條英雄之路。你在生命中最熱切渴望的是，來一場奮戰，克服途中種種困難，站出自己的立場，堅持著信念，走出一條與世人截然不同，專屬於自己的道路。

這條通道的人內心總在質疑與掙扎

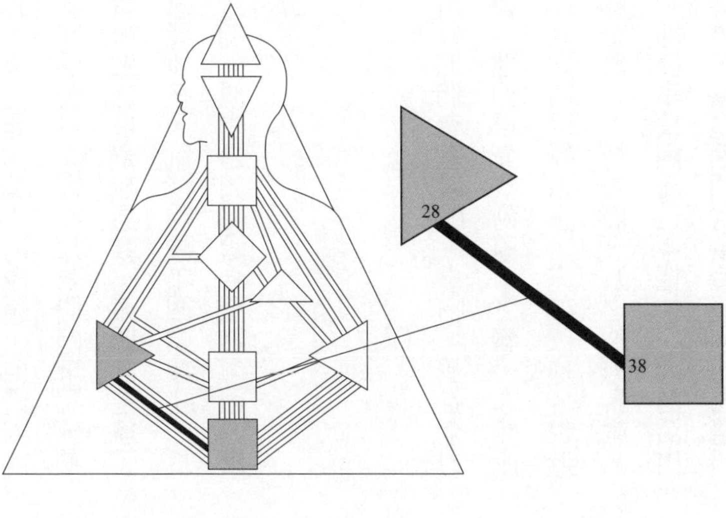

著，自己這樣做是否有意義？所謂的困頓掙扎，真是非常個人的議題，他們因此經常處於憂鬱的狀態，旁人無法理解為何要因此而受苦。殊不知對他們來說，最大的恐懼，並非困難險阻，而是生命虛度，若所做之事毫無意義，宛如人生繳了白卷，諸事皆空。相反地，一旦讓他們找到意義所在，就能將原本困頓掙扎的折磨，轉化為不可思議的力量，反轉不可能為可能。他們是如此頑強堅持，用力奮戰，最後終能創造出奇蹟，走出一條蛻變之路。

找到意義，全力奮戰

這條通道的人活著最重要的事情是，找出對他們有意義的人事物，並且全力為此奮鬥。有沒有意義？對他們來說非常重要。他們得先找到箇中意義，才能產生行動的動力。若是真正有意義的事，即使達成之路困難重重，宛如天梯，也無法嚇阻或打消他們的信念。他們會恨不得快點上路，堅持頑固，為之努力奮戰。既不在乎世人眼光，也能與內心恐懼相對抗，即使事情困難也不懼怕，因為活出真正有意義的人生，讓自己的生命從此炙烈燃燒，就是他們對生命最大的渴望。

這條通道不為名利，只為價值與信念而戰。具備這條通道的李安導演，在得到正式拍片的機會之前，在家失業六年。他並沒放棄，雖然他常笑說自己除了拍電影什麼也不會，其實有這條通道的人，底層就是有一種一切非如此不可的執著，但凡是自認為有意義，就能不屈不撓堅持下去，愈是逆境愈有韌性，這也反映日後他在電影題材的選擇上。若是他認為有意義，這無關乎理智，是一種執迷，不管過程如何困難重重，也不管內在需要經歷多少糾結掙扎，都難不倒他。

不為名利，只為價值與信念的村上春樹

而同樣是這條通道的代表人物，日本文學作家村上春樹，也是強烈表現出「為意義而戰」的典範。他的作品，特別是中後期的創作，大量描寫關於平凡的人面對威權、暴力、命運不合理的對待，所呈現出的態度與想法，以及生命有何意義？關於靈魂層次的大哉問，總能吸引住這條通道的人，而意義則是非常個人的追尋。最有名的例子是，村上春樹在二〇〇九年獲得耶路撒冷文學獎時的演講詞。當時，國際間對於他去領獎有很多批評，認為此舉是支持使用武力的國家。

而村上說，為了在遙遠的以色列的讀者，他有必要到那裡，以自己的語言表達意見，他真實想傳達的訊息是：「在一堵堅硬的高牆和一隻撞向它的蛋之間，我會永遠站在蛋這一邊……。如果小說家爲了任何理由，寫了站在牆那邊的作品，那麼這位作家又有什麼價值呢？」村上的發言闡釋的正是這條通道的人最在意之事：找到自己做與不做的意義，只要足以說服自己，無視威脅，不惜為捍衛自己的理念而戰。因為對有條通道的人來說，世俗的肯定向來不是他所關注的焦點，至於寫作也絕非為了金錢或名聲，價值與信念密不可分，若生命沒有意義，就算得到全世界的掌聲，活著也沒有價值，不會開心。

找到歸屬的意義之前，必須經歷困頓掙扎

然而，困頓掙扎的重點在於意義難尋。當他們在找到生命裡，那真正值得歸屬的意義之前，糾結的過程簡直像活在暗黑的地窖之中。不知為何而戰，為誰而戰，那內在看來無窮無盡，虛無的黑暗，如此抑鬱，徹底淹沒了他們的心，很容易讓人覺得眼前一切都毫無意義。他們無法接受只是活著，而不去做有意義的事

情。但是，百轉千迴讓他們反覆質疑的是，對我來說，這件事真的有意義嗎？真的要去做嗎？找出答案前，糾結掙扎充斥著無數質疑，因此飽受痛苦，處於一種日復一日，作繭自縛，冷酷又孤寂的心境裡。

這世界上大多數沒有這條通道的人，常常很難理解為什麼要如此鑽牛角尖？為什麼要掙扎呢？有意義沒意義又如何？這樣執著下去，不就只是折磨受苦，平白跟自己過不去嗎？或許連有這條通道的人，自己都想不明白，也不懂究竟是怎麼一回事。只是意義與否，宛如阻擋在眼前的萬丈高牆，唯有找到它，手持足以讓自己心悅誠服的答案，像是終於獲得神祕的心法，才能像突然開竅似的，施展輕功飛奔，視原本的障礙為無物，得以施展內在蘊藏已久的力量。

假想整體人類是不斷進化的一個巨大輪軸，當我們習慣既定俗成的規範，習慣合群從眾，卻忘記環境不斷改變，如何與時俱進？就如同《天地一沙鷗》裡的岳納珊，無法接受飛翔只是為了在碼頭乞食麵包屑，習慣並不代表是真理，總要有個勇敢的靈魂願意先站出來，挑戰既定俗成的規範，渴望找到以往從未存在的可能性，然後，開口問出這個關鍵的問題：這究竟有什麼意義？

困頓掙扎雖痛苦，堅持終能踏上英雄之路

他們無法接受「別人都這麼活著，所以自己也得如此」的態度，看似反叛的質疑，或許前方還是無止境的灰暗，也有機會將不預期地帶來全新的光亮。他們也不願意妥協於任何藉口與理由，這並非反骨，只是需要答案，若是找不到滿意的解答，他們就自行踏上追尋的旅途。

在現實人生中，有這條通道的人，人生中或許會有一段很長的時間，並不知道自己究竟要做些什麼，一邊拚命質疑世人所做的一切意義何在，一邊在內在糾結又痛苦，感到失落。村上春樹就承認自己年輕時既固執又叛逆，求學時蹺課、抽菸、打麻將。他不想學的、沒興趣的東西，再怎樣都不學。不喜歡學校的教育方式，英文成績始終平平。但是，當他喜歡上美國驚悚小說，就像是心中有股難以抑制的熱情在呼喚著，讓他克服英文的障礙，日後竟然成為專業譯者。他的許多作品寫的都跟渺小的個人，如何奮力對抗命運中突發的橫逆有關。村上藉著寫作來探討，生命如此痛苦，那麼，活著的意義何在？不論李安或村上春樹，在個

人生命或作品中，都強烈且持續地呼喊出這個主題。

有此通道的小孩，容易被大人覺得反骨叛逆，難以管教。他們可能很討厭上某些課，所以反而要尊重他們，試著理解他們覺得到底什麼是有意義的？一旦克服自己內在的糾結，他們就會無視外在的阻礙。當他們一旦找到意義，就會站出立場。他們特別有文字才華，能以文字搧動別人，透過辯論與講述，反覆釐清對自己而言有意義的事情究竟是什麼。這過程足以激勵更多人，也踏上追尋的旅程，激勵別人。

摸索的過程雖痛苦，堅持終究要找出意義。堅持信念，必定會找到出路，他們內在的力量是如此強大，有一天，絕對能化不可能為可能。

給這條通道的人的建議

意義是屬於自己，非常個人的議題。當你被突如其來的憂鬱所淹沒，請相信你的存在必定具有重大的意義。你可以帶著自己的困頓與掙扎，多方嘗試探索，畢竟很多事情沒試試看，怎麼知道是否有意義呢？雖然活著對你來說並不輕鬆，但是糾結不是目的。請相信自己，繼續走下去，你必定可以找到熱情之所在，堅持你認為有意義的事，化不可能為可能。

通道名人：村上春樹、李安、阿基師、詹姆斯．卡麥隆、波諾、Facebook創辦人扎克伯格、宮部美幸、曾雅妮

29－46 發現的通道

「我不呷意輸的感覺」

定義

這是一條在不斷採取行動之中，獲得體驗的通道，當他們清楚做出承諾，然後徹底並忘我的投入其中，放下對輸贏的執著、放下比較的心態，也放下對結果的期待，全力以赴，盡情活在每一個當下，唯有如此才能學會，其實人生並沒有所謂的勝負，而是一段持續探索的過程。

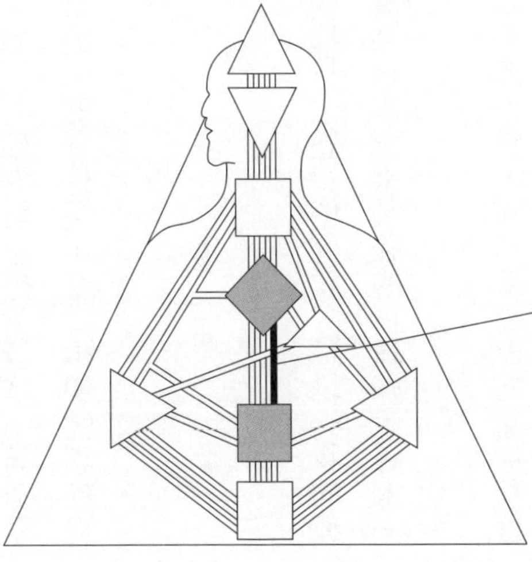

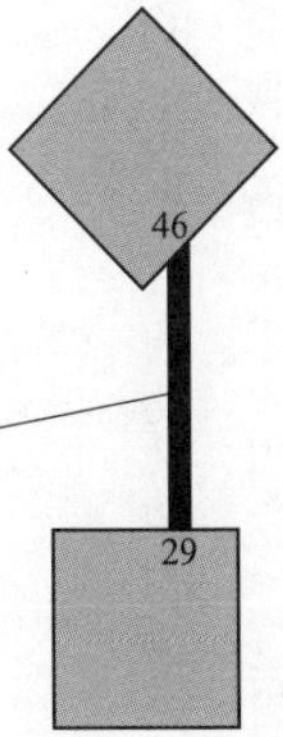

累積人生歷練的過程中充滿承諾或混亂，做出對你而言正確的選擇，義無反顧地走到最後，才會真正明白，這段體驗要帶給你的是什麼，你從中學習到的又是什麼。

競爭是鈴木一朗前進的驅動力

去年有個震撼人心的廣告瘋狂地在網路流傳，廣告內容是一篇以「我的夢想」為題的作文，寫這篇作文的人是現在被譽為日本史上最強的棒球好手鈴木一朗：

「我三歲的時候就開始練習了……三百六十五天裡，有三百六十天都拚命的練球。……我想這樣努力的練習，一定可以成爲職棒球員……總之，我最大的夢想，就是成爲職棒選手。」

你能想像這是一個國小六年級、年僅十二歲的小學生寫的嗎？他的語氣是那麼堅定，而他的確也如自己立下的志願，從小風雨無阻的練球。如今，這個立下「我要成為職棒選手」志願的小學生，早已遠遠超過他當初的志向。

如果知道鈴木一朗有這條執著於輸贏的通道，就不會奇怪他為何這麼拚、這麼努力。有此通道的人好勝、好比較，心中常有「我不能輸」的想法。鈴木一朗小五時參加了全國大賽，看過了所有選手的表現，確定自己是No.1後，勉勵自己還是不能鬆懈，跟別的選手比較絕對是他激勵自己前進的驅動力。有這條通道的人通常會在心裡設定假想敵，每天以超越對方為目標來激勵自己。當超越了這個假想敵，他會非常開心自己「贏了」，接著會再設定另一個假想敵，他是在與假想敵比輸贏，並超越對方的歷程中，完成自己的目標。

廣泛來說，有這條通道的人不見得要爭第一，但他們無法容忍自己在標準之下。以唸書來說，如果他在放牛班，可能就是班上前十名；在好班，也是班上前十名。在任何領域，從事任何競賽，他都會要求自己保持在某個標準以上，總之他絕不會落人之後。以跑步來說，若整個田徑場上只有他一人，他會跑得有氣無力，但一有對手，馬上就生龍活虎，因為他不想輸。而如果跑步是他的志業，他會在內心設定要超越的敵人，時時在練習或比賽中與之競爭。

若過於在意輸贏，反而無法投入體驗

超越假想敵的好勝心，是這條通道堅持下去的力量，如此才有完整的體驗。計較輸贏對他們來說是生命底層的燃料，爭強好勝真正的目的在於完成體驗。但是，很多人只停留在燃料的階段，不停比來比去，一時落後便喪志，一時超前便得意洋洋；更壞的狀況是，若過於在意輸贏，可能因為怕輸，根本連試都不試，如此不僅沒有探索的機會，也沒有體驗到任何事物，就無法因歷練而成熟。

所以，這條通道的人重點在於：「我體驗，所以我發現，而人生是所有的體驗的綜合。」他要從這些不同階段的輸贏體驗中領悟到，雖然很多事情他都不想輸，但其實人生根本沒有真正的輸贏，有時認定的輸，是奠定下次贏的基礎。有時贏了，但也可能是之後輸的開始。換句話說，這條通道的人應該學習的課題是：與人比較輸贏只是表面，他人生真正的目的是要擁有完整的體驗，如此人生才會成熟。

這條看似好勝的通道，同時也是「發現的設計」：如果你有這條通道，你的生命會在體驗中成熟，而不是腦袋先想出合理的邏輯才去執行，身體力行，完全投入去體驗，對於要投入之事做出「承諾」，並決心去實踐，走到底才會驚喜地發現，原來這過程如此神奇，獲得的體驗是如此不可思議。換句話說，若能帶著承諾與決心，從頭到尾完整走完，毫不保留地去體驗這過程所伴隨而來的一切，把「不能輸」當成是驅動自己往前走的動力與誘因，而非目的，那麼，最終的結果往往比原先預想的更好，成就更多。

「不能輸」只是燃料，忘掉輸贏，全心投入最贏！

鈴木一朗活出這條通道的設計在於，他好勝，他不想輸，所以他拚命練習。但他不只停留在表層的爭強好勝，他十二歲時便堅定地做出承諾要成為職棒選手。他一步一步前進，不僅成為日本職棒選手，還前進美國大聯盟，他完成不同階段的目標後，持續往前探索。他曾經這麼說：「就算已經交出漂亮的成績，我也不能停留在原地。」現在他的目標是：世界大賽的冠軍戒指。

這條通道的人一旦作出正確的承諾，接著身體力行走到底，會給人一種毫不囉嗦，乾脆投入的爽快。奇妙的是，當他們忘了輸贏，單純只是完完全全投入當下時，通常就會贏！那真是神奇的一刻，原先執著的好勝彷彿消失了，輸贏也不復重要，他們只是忘我地探索著，體驗著過程，就會創造出絕佳的成果。反之，當他們只執著於輸贏，對自己與別人的表現斤斤計較時，則往往會輸，這就是這條通道弔詭之處！所以，當鈴木說出：「世上有很多事情無法說清楚，我只能說我就是很喜歡棒球這項運動。」這真的不是一條理性邏輯可以說得清楚的通道，只能透過身體去感受與體驗，而純粹而完整地投入之後，所感受到的、所體驗到的，絕非只有輸贏，而是更高遠的忘我境界。

給這條通道的人的建議

你人生的成熟度需要透過鍛鍊，而愈來愈成熟。體驗你的體驗，承諾你真心所愛，完完整整去投入，不要一開始就只執著於輸贏，你得走到最後，才會知道這些體驗要帶給你的禮物是什麼。記得：人生不是只有輸贏而已，

全心投入最贏！

通道名人：鈴木一朗、歐普拉、梅格·萊恩、梅爾·吉博遜、亨利·福特

30-41 夢想家的通道

渴望的源頭，有夢最美

定義

你是一個天生偉大的夢想家，此生的智慧來自探索各式各樣的感覺與情緒。你一生懷抱遠大夢想，雖然不見得每一個都能在有生之年夠徹底落實，又如何？重點並不在夢想實現，而在於享受夢想本身。在這段築夢的過程中，認真實現並樂在其

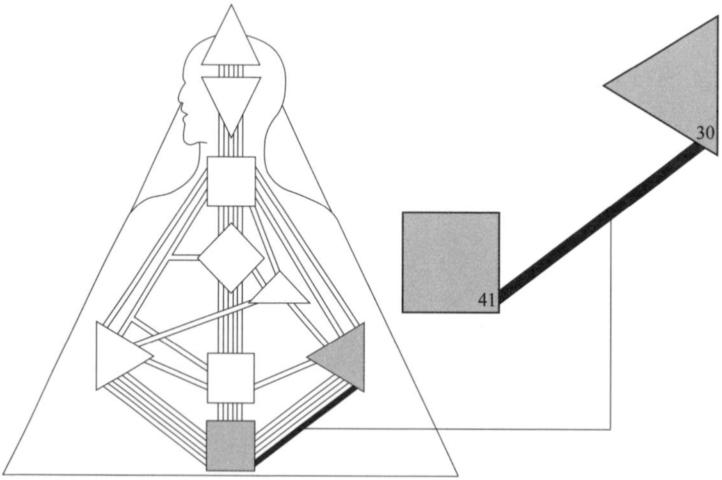

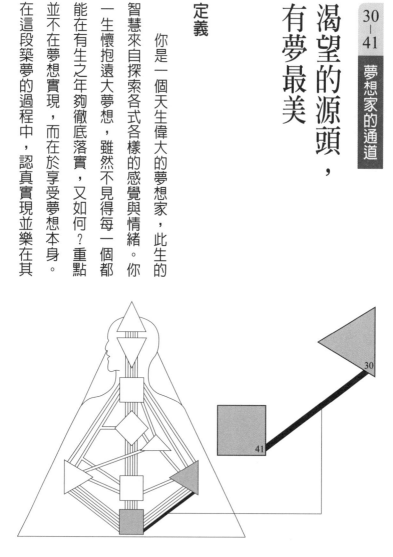

中，不是只有自己單獨一人，而是懂得挑動眾人的情感，激發大家朝著共同的希望與願景，共同努力，讓這個世界更美好。

因夢想而發光，引領大家朝共同夢想前進的歐巴馬

這條通道的人是天生的夢想家。「有夢最美，希望相隨」說的正是這種人。他們很可愛，一點都不無聊。他們充滿活力與想像力，懷抱未來大夢，勾勒出許多美麗的藍圖與願景，總能在無形中讓眾人充滿希望與幸福感。不可否認的是，當他們熱血分享夢想的時候，根本就是一架宇宙無敵的發電機，電力十足。同時可以熱烈引發群眾感情，讓大家因感動而連結，進而心手相連朝著勾勒出的美好遠景，奮力前進。

這一條夢想家的通道，是美國總統歐巴馬（Barack Hussein Obama）人類圖設計裡，唯一的一條通道。在他身上，我們看到這條通道的人如何活出自己，因為夢想而發光，也點燃了群眾熱切築夢的渴望。歐巴馬是美國建國兩百年來，第一位黑人總統，在二〇〇四年讓他聲名大噪的那場演說中，他以「無畏的希望」

為題，訴求美國應該團結合一，不再分裂。就在那短短十七分鐘的演說，讓他打破種族藩籬，挑動眾人情感，一帆風順自一個沒沒無名的地方議員，搖身一變，成為全國最有潛力的政治明星。同年，他順利當選聯邦參議員，從他身上，人們看到未來改變的可能，充滿希望。

在歐巴馬身上，群眾看到一種理想生活的可能性：黑人選民眼中，他是黑人；白人眼中，他是受過菁英教育的中產階級。在這原本分裂的美國社會裡，歐巴馬的出現，彷彿突破了人與人之間原本的猜疑與距離。他讓人開始願意相信，人與人之間可以超越原本的政治立場，懷抱共同的願望與夢想。當然，讓全世界印象最深刻的，是他當選總統後所發表的演說，以接連不斷的「yes, we can（是的，我們可以做到）」來闡述美國人民的創造力、進步，與國力的強大，讓現場許多觀眾忍不住感動流淚。即使現在我們透過影片觀看，依然都能感受到這場演說的龐大威力。他闡述了這一條通道其中一個獨特天賦，他們能夠鼓舞並挑起民眾強烈的情感，引發大家朝共同的夢想前進。

渴望體驗、嚐鮮，為世界帶來改變的契機

人因夢想而偉大，夢想二字一出，很難不夾帶濃厚澎湃的情感。情緒是人類內心最大的動力，也是最不穩定的變因，渴望體驗、嚐鮮，朝夢想前進，被夢想所驅動的過程很美好，但是情緒來來去去，過與不及容易失控，很難步步嚴謹。人們總會在這段築夢的過程中，愈走愈發現，這條通道的人原本所描繪出來的藍圖，過度樂觀，也太過理想化，充滿不切實際的成分，要落實執行的難度極高，事實上難以實現。

夢想與空想，理想與幻想，實際與不實際之間，沒有絕對。不可諱言，這條夢想的通道帶來許多夢想，看來天馬行空，不切實際。但是夢想就像種子，源自內在最原始的渴望，渴望體驗各式各樣不同的事情，渴望擁有各種感受，包括精神層面與物質層面。只要是之前沒做過的，他們都渴望，都躍躍欲試，這充滿生命力的驅動力，正為這個世界帶來改變的契機。

改變之後，好不好，沒人知道，但是至少與現在相比，會開始不同了。對他

們來說，好的體驗固然很好，壞的體驗也是一種體驗，體驗就是體驗，有新的總比沒有來得好。他們不想留戀過去，也不想重複，完成體驗一瞬間，內在的渴望已然完成。接下來，又將萌生新的渴望，開始追逐下一個全新的體驗。他們要的是新的體驗，因為渴望不同以往的感受與體驗，他們會願意嘗試許多之前沒做過的事情，之後也樂意與大家分享。他們享受在歷練中成長的豐富人生，其經歷過體驗，更讓人眼界大開，開啟了人類體驗的多元性，進而引動文明進化的歷程。

享受在體驗中成長的豐富人生

這條通道的人，若真實活出自己的設計，身上洋溢一種說不出的青春感，彷彿永遠在期待下一刻，在轉彎處。從他們的眼中所看到的世界，總是如此生意盎然，似乎永遠都會冒出新鮮事，總會出現許多有趣的領域，正等著他們去探索，去鑽研。他們腦中會跑出許多與眾不同的想法，別人覺得他們很有創意，但其實只是他們容易厭煩，渴望創造出超越既定軌道的全新體驗。即使內在常常為此感到焦躁與緊張，感覺非得迫不及待去完成什麼，殊不知這內在的情緒張力，就是宇宙賜與他們的推動力，讓他們不斷探索各種體驗，並從中學習。

這是在體驗上極其豐富的一生，無法安於現況，無法甘於平淡。若長期處於穩定而沒有變化的狀態，又重複做著同樣的事情，會讓人發瘋。他們期待本身從事的工作或職業要很有趣，很有變化性，如果有幸身為他們的人生伴侶，請保持一顆開放的心，一起與之探索新的體驗。好消息是你永遠不會無聊，請準備好與他們共度這驚喜連連的一生。

如何善用這條夢想家通道，有一個重要的訣竅：莫貪心，莫貪快，否則多頭馬車，容易全都落空，得不償失。你的夢想可以很大，可以很多，但請一次一個，依序漸進，完成一個夢想之後，再進行下一個。如此一來，每一回圓夢之後所累積的成果，都會讓你的根基更穩固，同時也是最好的滋養，支持著你，堅定地朝下一個更燦爛的夢想前進。

給這條通道的人的建議

你的夢想很多，但是不用試圖努力全部實踐。重點在於讓自己坦然經歷所有的情緒高低起伏，最後那個內在的渴求對你來說，才是最後正確的答案。需要學習耐心與平靜，尤其在做決定的時候，不要躁進。

通道名人：歐巴馬、賈伯斯、貓王、梅格·萊恩、麥可·喬丹、卡繆、鳳飛飛

32-54 蛻變的通道

努力往前，點燃旺盛驅動力

定義

底層非常渴望獲得世俗的成功與物質生活的富足，為此努力工作。願意從基層腳踏實地，一步一步往成功前進。這條通道能將內在能量轉換成實質的報酬，克服一切限制，創業並永續經營。抗壓性強，朝成功邁進的驅動力驚人，可以完成長程

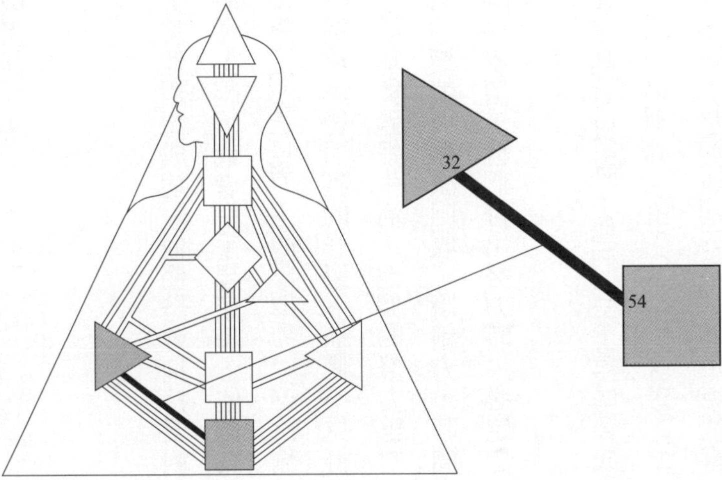

的目標。努力工作的同時，也要小心不要變成工作狂。

吃苦當吃補，因執著而成功的卓別林

這條通道的人企圖心旺盛，有強烈驅動力讓他們想成功。他們是會抱持樂觀想法，卻做最壞打算的那種人。當他們從基層往上爬，或者白手起家時，他們真的會非常努力。他們是「一分耕耘，一分收穫」的奉行者，討厭取巧，絕不偷懶，他們也不相信會有「禮物從天上掉下來」這種不勞而獲的好康。他們不見得有什麼偉大的理想，或者為意義奮戰，但為了成功與過好生活，他們的努力絕對不容置疑。他們會謹慎評估時間與收益，自己的價值與報酬回收，將精力、時間和資源用在對的地方。他們不做沒有實質報酬的事情，他們付出努力時，必定想清楚要得到什麼回收。

不管他們現在正處於人生哪個階段，幾乎都可以說，他們若不是已經成功，就是正在朝成功的路上邁進。有這條通道的卓別林（Sir Charles Spencer Chaplin），彷彿以他的一生為這條通道現身說法。我們所知的卓別林是現代喜劇泰斗，他的表演方式影響了許多藝人，銀幕上的形象更是深入人心：外表襤褸的流浪漢、小鬍子與枴杖、不合身的窄衣窄褲。但進一步理解他的人生，不僅讓人感慨他是多麼辛苦、多麼努力，才從小工人爬到世界知名藝人的位子。

卓別林從小生活在窮困中，在他很小的時候，父親便因酗酒導致酒精中毒去世，母親受不了貧窮而精神分裂。他從小輟學，當小報僮、小僕、吹玻璃的小工人、遊樂場掃地工……。後來開始在馬戲團和雜技團擔任小角色，慢慢地脫穎而出，成為知名的喜劇演員，還以百萬美金合約成為當時世界上報酬最高的電影明星。這就是蛻變的通道，毛毛蟲想變成蝴蝶，武媚娘想成為聖神皇帝，就算出身卑微，他們也會持續努力不懈，不放棄自己。

腳踏實地，不抄捷徑，愛拚才會贏

這條通道的人對於成功非常執著，也相信自己只要努力，就一定可以達成目標。不管出身高低，對成功的渴望與驅動力，讓他們自我鞭策，費盡一生的時間，他們終於蛻變成理想中的人：事業有成、物質生活富足，獲得世俗認可。卓別林到後來早已不再是襤褸小童，他從貧困的倫敦孤兒一路往上爬，英國的舞台不夠他用了，他便轉往美國，美國夢沒有讓他失望，他在好萊塢繼續攀升。他最後成為國際巨星，衣錦還鄉，還得到英國女王冊封為爵士。他早就蛻變成蝴蝶了，但他依然努力，依然認真，將當初下層社會流浪漢的形象，以表演藝術的方式永遠流在世人心中。

這條通道的人通常會創業，成為實業家。卓別林不自滿於偉大演員的身分，他成名之後，創建了自己的公司，開始自編、自導、自演。終其五十四年的演藝生涯，共拍了八十二部影片。他們若沒有創業，也會不停地往上爬，以成為公司高層為目標。他們追求物質上的成功，例如很好的薪水與世人認可的頭銜，即使還在基層，他也會是帶著大家一起衝的好員工。很多有此通道的高階主管，都是從助理做起，他們也不覺得這有什麼辛苦，因為對他們來說，「愛拚才會贏」，人生就是要努力，才會成功。

過度努力，小心變成工作狂！

因為如此，他們對於別人想抄捷徑的工作心態，特別不以為然。對他們來說，就是努力努力再努力，如果失敗了，他們會認定是自己的努力還不夠，而不會思考是否努力錯方向，因應之道是加倍努力，更埋頭苦幹。「吃得苦中苦，方為人上人」，要成功就一定要吃苦，這對他們是天經地義，所以今天若還沒成功，那是因為吃得苦還不夠！他們不認同想以小聰明一夕致富的態度，若別人偷懶閒散，他們也會很受不了。

這條通道的人除了對成功有強烈的企圖心，也希望家人和家族能夠過好日子。自己成功了，才能讓家人也免於貧窮。所以他會努力賺錢，累積資源。他們也會謹慎評估，凡事做最壞的打算，以防堵失敗，他們其實並非小氣，只是內心隱藏對失敗的恐懼，所以讓他們樂觀大膽往前開創的同時，也更謹慎更小心評估手上的資源，確保穩健地，朝成功的方向前進。

給這條通道的人的建議

你非常能理解自己與別人的才能與價值所在，也知道如何在彼此的需求與價值間，各取所需，你必定能克服限制，完成自己所設定的目標，但是也要了解：要有耐心等待貴人，等待伯樂來辨識出你的才華，化為助力來協助你成功。在走上這條發達之路的過程中，雖然離成功愈來愈近，但也可能變成極端的工作狂，小心別過勞而讓健康惡化，適當的運動對於紓解你的壓力和焦慮，非常有幫助。

通道名人：卓別林、哈理遜·福特、伍迪·艾倫

34-57 力量的通道

源自人類底層最原始的力量

定義

這條通道直覺敏銳、反應快，隨時皆能充分展現求存本能，身體恆常處於警戒與防守狀態，對於當下發生的危險或攻擊能立即回應。這是人類求存本能的原始能力，這條通道的人面對危險狀況，反應之速，遠在情緒反應或者腦袋思考之前。反

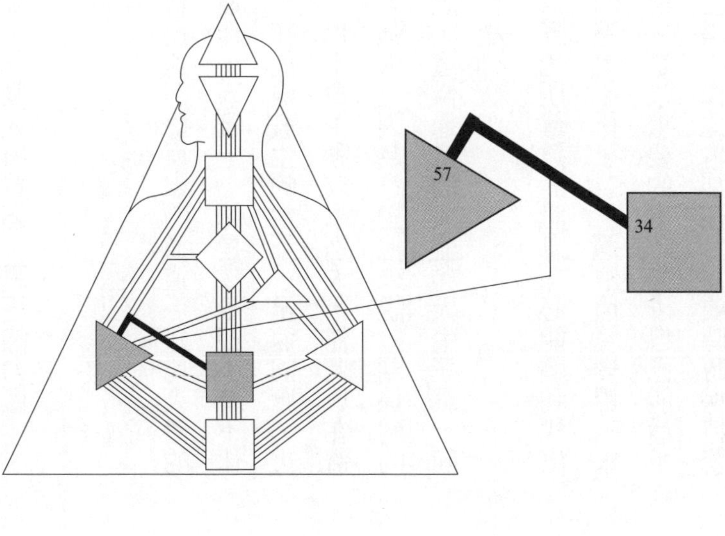

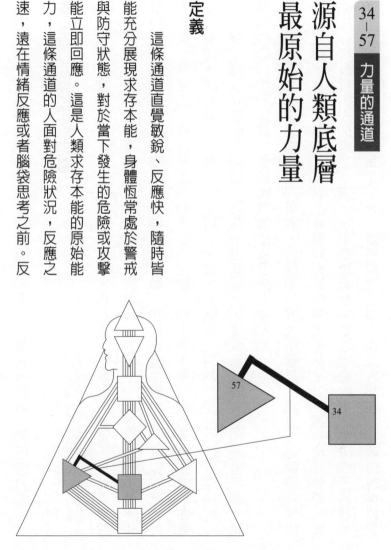

應的當下，冷靜到近乎冷酷。這代表的是，身為一個人所具備，真正的力量。

求生存，最原始的力量

這是一條為了活下去，在面對攻擊時，會迅速回應反擊的通道。好比人體的防衛機制，平時，這套機制看起來彷彿沒在運作，事實上，卻是二十四小時不休眠的系統，只有在遭受攻擊時，會全面啟動。在危險發生的當下，迅速回應，火力全開。換言之，有這條通道的人並不好勝，也不會主動攻擊別人，他們只在遭受攻擊時，回擊對手，而且一旦回擊，就火力強大。因為這對他來說，關係到的是生存，而非只是競爭或面子問題。也就是說，這條通道的人並非天生好戰，回擊的目的也並非想贏，他們純粹就是為了活下去。

活下去，就是這條通道的奧義。若能相信直覺所傳達的訊息，必能順利找出求存之道，這是人類為了生存，建構於底層的堅毅不拔，為了適應環境變遷，求取生存所展現出來的力量。求存，對生物來說，是最重要的事。先求自己能活下來，才能讓自己的基因保存下來。雖然現在已經不像遠古那樣，需要時時保持警戒，聆聽四面八方各式各樣的訊息，以判斷是否有潛藏的危險。但是，這根深柢固如動物性的原始本能，還是如實保存了下來。這也說明了這條通道的人身形敏捷，對聲音和周圍所發生的一切特別敏感，他們所聆聽的並非語言，而是周圍的人開口說話時，所隱藏的弦外之音，然後判斷當下是否安全，一舉一動是否適宜。

他們對周遭任何細微的聲音或波動，異常敏感，雖然在腦袋理智的層次，常常無法說出所以然。例如平時可能睡得很死，但是不尋常的瓦斯味或敲門聲，總能讓他們在第一時間馬上醒過來。對於任何不對勁的人事物，也能在第一時間內，如動物本能般迅速察覺。只要在理性沒有過度涉入，或者被情緒週期起伏所干擾，那直覺所告訴他們的訊息，往往總是準確無比。他們反應快，直覺強，能在每個當下，明確判斷，做出最適當的決定。

直覺敏銳、臨機應變的歐普拉

脫口秀主持人歐普拉（Oprah Winfrey）藉著她異於常人的敏銳，還有靈活的臨機應變能力，闖出一番成就。初入社會，她原本想當新聞主播。很快地，歐普拉卻發現自己並不喜歡看著稿子，她並不想有條有理地播報新聞，她總是難掩內在的衝動，想脫稿演出，立即告訴觀眾所有的消息。因此也不意外，主播的工作只做了八個月，很快就被調至脫口秀節目裡成為要角。歐普拉曾說，當她坐下說話的那一刻，她真實覺得自己回到家了。因為在別人眼中，要快速反應的脫口秀，壓力極大，對她來說，卻像呼吸般自然。那個當下她的直覺就是，這才是對的。事後證明，這也正是她事業版圖的開始，她真的來對地方了。

眾所皆知，歐普拉身材肥胖、長相普通，又是黑人女性，她在最重視虛華外表的演藝圈，究竟憑什麼闖出一片天？除了她的真誠坦白，博得觀眾緣，她堅持做自己的勇敢，也讓人印象深刻。除此之外，當她主持節目的時候，時時流露出的絕妙幽默感，她總能即時又適切地，游刃有餘地回應訪談者，同時也與觀眾自然互動打成一片，臨場反應真是一流。最最讓人印象深刻的是，她總能非常專注地傾聽訪談者說的話，適切回應對方的情緒，甚至有時候還會陪著流淚，卻不會失去焦點。她很清楚自己的定位，她既是陪伴者，也是主持人，這是為什麼她的節目讓人感覺很真，卻又很好看的原因。有這條通道的人善於臨機應變，即時性的談話節目，或各類活動主持人的角色，非常適合他們發揮所長。

直覺強，反應快讓他們化險為夷

這條通道的人因為直覺強，似乎不易遇到危險，或者應該說，他們往往在危險發生之前，就有所察覺，而能先行閃避。若信賴自身敏銳的直覺，他們很自然地能判斷出，哪些人有不正確的舉止，還有哪些訊息其實已經流露出危險的警訊，而下意識先遠離。

當突發狀況發生，他們的身體會迅速馬上反應。他們在當下，腦子可能來不及思考該有的步驟程序，至於情感和感覺，更是全然關閉，因為任何情緒如恐懼或憤怒，都會延遲行動的速度。在當下，他們只是單純地回到動物本能，迅速回應所有訊息。看在別人眼裡，會覺得他們很冷靜，異常冷酷而近乎沒有人性。但是，可能就是要等到所有應急措施皆處理完畢，他們才終於可以鬆懈下來，盡情發洩出壓抑的情緒。

他們的力量強大，所採取的行動皆為了捍衛生存。若遭受攻擊而沒有反擊，可能會持續招致欺壓，攸關生死存亡。所以先顧好自己，維護自己的獨特性，非常重要。但相反地，若誤用這股生命的動力來欺壓他人，終究會在日後，引發更大的反撲力量。

若長期被制約，容易喪失回應力

這條通道之所以稱之為人的原型，是因為人性裡本來就具備求存的原始需求。每當深陷對未知的恐懼時，所引發的求生本能，其實相當冷酷與自私，這既非為了家族存續，也不是基於社會考量，單純就是一股「我要活下去」的本能需求。

在每個人逐漸成長，趨近社會化的同時，這條通道所呈現的本能需求，極容易被壓抑，社會傳統價值觀與諸多道德框架，不斷限制他們原始利己、求生的本能。長久被制約的下場是，他們將逐漸喪失其回應的能力。悲哀的是，最後面臨生死存亡之際，當存活受到威脅，久經綑綁的他們，反而已經無法發揮這條通道的特質。

請勇敢忠於自己，誠實面對自己內在的聲音，單純回應自己的渴望，完整地在每個當下，做出回應。如此一來，才能活出這條通道的能力與力量。

給這條通道的人的建議

相信自己的直覺，順應本能生活，就會讓你健康又長壽。關鍵是，讓身體單純地回應每一個當下的需求。信任身體的反應，聽取身體對於環境變化的回應。當你學會依賴你的直覺，你將擁有身為一個人，最真實的力量。

通道名人：歐普拉、鈴木一朗、柴契爾夫人、阿基師、亨利·福特、班·艾佛列克、大衛·鮑伊

35-36 無常的通道

危機是轉機，生命多精采

定義

人生充滿豐富的經歷，因為內心持續有冒險的渴望，希望能體驗沒有體驗過的一切。這是一條經由累積各式體驗的過程中，累積智慧的通道。最後所得到的人生智慧就是，世事無常，沒有什麼是永恆不變，每一個你擁有的體驗都會聚沙成塔，

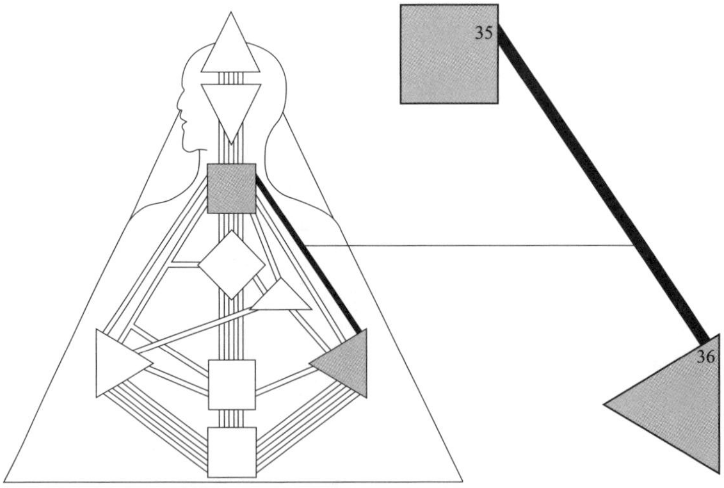

讓人生充滿廣度與深度。

這條通道的人所說出口的話，帶有濃厚的情緒渲染力，開心不開心都表裡如一，隨著人生經驗的累積，能以愈來愈有趣、愈有創意的方式，分享自己精采的體驗和故事，以非常吸引人的方式讓沒有體驗過你們經驗的人，也能有共通的應變方式。

天生容易引發突發狀況

有這條通道的人似乎非常容易遇到各種希奇古怪的狀況，同樣的步驟或行程，別人經歷一百遍都不會出錯，輪到他們時，就是很妙地，剛好會有突發狀況發生，真是令人無言。既然這條通道稱為無常，那麼撞見各種莫名危機，才能有空間學習變通，找到見招拆招的方法，也因此找到原本意想不到的應變之道。經驗累積最棒的智慧，下次當類似的狀況再度發生，就不再是讓人驚慌失措的危機，根據先前的經驗，人類已經懂得如何適切去因應與處理，而這就是無常的通道，對整體世界所作做的獨特貢獻。

這世界絕大多數的人並不喜歡意外，無常的一切很刺激，也很危險，或許連有這條通道的人自己也無法理解，甚至不喜歡，但他們生來就是會引發新的體驗，那些看似危機的事件，也因為將事情整個拉離常軌，原本以為的錯誤，反而能帶來新意。就好像餅乾的緣起，是因為船員遇到船難，麵粉、奶油、糖全都混在一起，在食物缺乏之下，船員也只好將麵粉捏成一坨烤來充飢，沒想到意外美味，從此餅乾（biscuit）就問世了，還以船難發生時的海灣(Biscuit)來命名。臭豆腐也是豆腐商人誤打誤撞從豆腐生產出來的、威而剛本來是治療心臟與高血壓的藥……。你可以說人世無常，整個人為此抗拒驚慌，也可以選擇以不同的角度來看，如果沒有這些出乎預料之外的發展，如果我們連一丁點錯誤都不容許發生，這世界何來如今豐富的多樣化與各種新鮮的事物？

渴望體驗，帶來新鮮的波登

若是探討得更深，這條通道的人之所以引發各式各樣的體驗，是因為在他們的生命底層，有意識或無意識之中，存有一股熱烈想去體驗更多的渴望。為了滿足這樣獨特的渴望，於是生命中內建了一套無常機制，好讓他透過經歷生命的各種狀態，對人生做出不同於常人的結論。而對新鮮體驗的渴求，並非為了達到什麼特定的結果。體驗本身，就是最好的過程，也是最佳的答案。所以，有這條通道的人也會不自覺地突破常軌，創造極為豐富的人生。例如，從事變化大的行業、老是轉行，或者跨界經營，表面看來是擴張事業的版圖，其實是單純源自內在的渴望，想嘗試也想擁有更多更新鮮的體驗。

有名的美食旅遊節目主持人，安東尼．波登（Anthony Michael Bourdain）就是個非常有趣的例子。他不但有這條無常的通道，也同時具備才華的通道（16－48），後者讓他在廚藝上因反覆練習，擁有專業並達到深度。而無常的通道則讓他看似不安於室地跨界寫專欄、寫書、主持美食節目。他如魚得水般全世界跑透透，節目內容絕對不會一成不變，他總是能以截然不同的角度與觀點，不落俗套地介紹了各國美食與文化。他吃過各種古怪食物，例如羊睪丸、蟻蛋、眼鏡蛇生肉。在品嚐的經驗中可能得伴隨拉肚子、過敏或內心調適等危機；最誇張的一次是，他在黎巴嫩首都貝魯特錄製節目時，因為爆發以黎衝突而在美國海軍陸戰隊的保護下撤離。因此也見證了當地政黨支持者的遭遇，與美國僑民等待救援的點滴。

如果波登沒有這條通道，他說不定一開始就拒絕去這麼危險的國度，或者在事情爆發時，也不會有心情要將這一切記錄下來。更別提之後將這些與美食無關的經歷，相當不尋常地放入節目之中。無常的通道如此無常，如此刺激，看似危機不斷，卻也造就了波登的絕佳魅力，他的文字與節目總是這麼奇異而深刻，徹底跳脫既定的框架，以嶄新的體驗吸引世人，讓他博得眾多粉絲，還得到艾美獎提名，名利雙收。你看，當一個人完全將無常的通道發揮到極致，這是多麼精采的刺激人生啊。

眾人最棒的人生導師

若能以成熟且不帶偏見的眼光來看待這條通道的人，不可諱言，他們就是「世事無常」活生生的例子。在他們經歷各種危機，得到許多不凡體驗的同時，也不免為周遭的人帶來不同以往的全新體驗。不管你喜不喜歡，都不得不承認他們的存在，的確在無形中增廣了我們的視野，讓你我鍛鍊出更大的容量，接納更多不同以往的可能。而具備這條通道的人，隨著年歲漸長，見多識廣，成熟的經歷讓他們幾乎在任何突發的狀況下，都能保持鎮定，臨危不亂，而他們從各種經驗中所累積的人生智慧，讓他們能夠成為眾人最棒的人生老師。

這條通道的人很有趣，不管生氣和快樂都很真誠，毫不掩飾。他們也非常樂於分享，當他們充滿能量表達自己時，讓人彷彿身歷其境。聽他們說話，容易融入他們的情緒與體驗裡，感受到他們體驗的無常、多樣、豐富。他們的話語有深切的渲染力與煽動性，非常迷人。這從安東尼・波登，以及同樣具有無常通道，三十九歲即英年早逝的革命家切・格瓦拉身上，都明顯呈現出這樣的特質。

給這條通道的人的建議

不要害怕危機，世事無常才能讓你累積豐富的經驗，有一天，你們會成為通透人世的智者，通曉人生的老師。你所說出的每一句話之所以有力量，是因為你親身經歷過。沒有白走的路，經歷累積深厚內力，面對痛苦與無助，你的簡單一句話，就足以撫慰人心，那是因為你們所說的話語，是以自己的人生為基底，真實付出代價後，所得到的珍貴智慧。一個人的心有多大，有多理解別人的痛苦，並能感同身受，是因為衆生正在經歷的，你都曾經走過，當你親身經歷了這看似折騰的曲折，勇敢並堅定地穿越了，就能帶著深沉的理解與感受，支持更多人。

請你無所期待，單純且全新投入人生的各種體驗。同時，也請你學習有耐性，不要在當下做決定，請等自己的情緒高低起伏週期走完，獲得清晰之後，再做決定。

通道名人：波登、切．格瓦拉、川普、史蒂芬．史匹柏

37-40 經營社群的通道

爲家族付出，就是愛

定義

這條通道代表的是家族的精神，連結社群的基石。生命中的重要主題與歸屬感有關，探索自己究竟歸屬於何處，若能歸屬於正確的社群，進而付出與貢獻，會讓你覺得滿足與平和。

有這條通道的人要找到對的人，組成對的家族，形成連結，並共同創造社群的

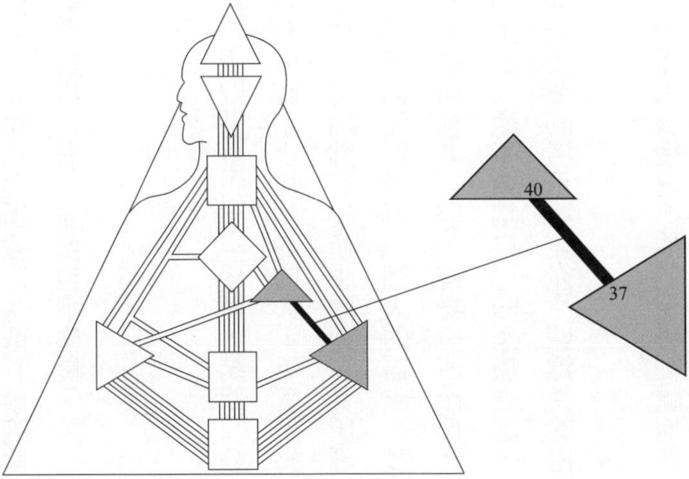

和諧。所有的人際關係都要建立在公平的原則上，如果你與所愛之人或共事的對象所達成的協議不公平不清楚，這段關係將對你造成耗損，並且也不會長久。

重視人和，對於社群的需求很敏感

這是一條關於經營社群的通道，在這裡所指的社群可以是家庭、家族、公司，或任何他認為有歸屬感的團體。他們一旦有所歸——找到對的人，不管是婚姻或者工作，達成共識，形成連結的關係，就會自然而然開始產生動力，為所屬的團隊而努力。對內，他凝聚大家向心力，細心體貼注意到每一個人的需求，並不計利害得失地付出；對外，他會為了團隊的利益而極力爭取，轉身扮演斤斤計較的主婦或者精明的經營者。總之，有這條通道的人絕不會讓自己的家族吃虧。換句話說，你是否為家族的一分子，將成為他最主要的考量，並產生關鍵性的影響。

有這條通道的人重視人和，對於每位成員的需求很敏感。他們總會細膩地注意到每個人情感的變化，適時給予支持，願意為對方付出。比如說在工作團隊中，若有夥伴遇到挫折，他們總會溫暖伸出援手，是很細微、在情感層面的支持。或許這些舉動無法直接創造業績，表面看來也沒有實質的功用，卻能在無形中讓團隊凝聚力變強。讓團隊或家庭裡出外廝殺拚搏的成員，一回到家或公司，看到他就自然而然感到安心穩定，他的存在很實在，就是一股溫暖連結的力量。

同時，他們也具備做生意的才能。基於讓自己的團隊獲取利益，絕對不會讓外人佔便宜，會貨比三家，充分了解市場行情，試著以最好的價格成交。當他們奮力爭取最佳條件時，不但不會害羞，甚至會給人自我感覺超級良好的印象。因為對他們來說，既然是談生意，沒必要有什麼情緒糾葛，重要的是彼此間達到共識。而且他們本身物慾並不強，做生意要獲利其背後的動機，源於要取得資源，好好照顧他的家人、他的公司、他的家族。所以，當他們開口喊價或爭取利益時，看似溫和卻很堅定。

有這條通道的人，內心底層非常重視「公平」與「尊重」。但是，他們所認定的公平，可能與你所認為的差異頗大。在做生意的時候，對他們來說，所謂的公平就是，有人要買，有人要賣，而討價還價就是試著理解彼此的需求為何，並在當中取得公平，同時雙方建立共識，只要彼此達成協議，就是公平。對內經營團隊時，他們內在也有一個清楚衡量的指標，如何凝聚團隊成員，協調並引導每個人發揮所長，才能上下齊心，共同創造更多價值，讓團隊更成功。

找到對的人，與之建立連結

奇異公司執行長傑克・威爾許（Jack Welch）就是一個明顯的範例。他擁有這條經營社群的通道，在他任職奇異執行長期間，讓公司獲利成長七倍，市值成長三十五倍。但同時，他最受爭議的地方在於大幅度裁員，他上任五年，共砍掉十二萬名員工。他賞罰分明，對於公司內的員工積極栽培，將公司轉變為學習型組織，投入大量經費將原來企業內的教育中心改造成管理學院。讓公司內眾多中高階主管能在其中學習成長，凝聚團隊核心幹部與菁英，建立公平運作體制，讓企業變得更強。

對於有這條通道的人來說，所謂的公平，不只限於實質上的公平，也包括情感上的公平，他們重視婚姻，在情感上也願意慷慨付出，但是在看似無怨無悔的付出背後，他們內心期待收到所愛的人回報以相對的尊重，當他們真正收到，對方欣賞自己的付出，感激並且深深珍惜著自己，就會感受到愛，並為此心滿意足。

對他們來說，人生中最重要的事，就是找到對的人，與之建立連結。所謂對的人，指的是願意與自己站在一起，同意彼此的關係要建立在相對的權利與義務之上。不管是結婚，或者合夥做生意，這對他們來說極其重要。因為，若與不正確的人建立關係，跟錯誤的人合作，不管是婚姻或事業，他們會因為過度的付出，無法獲得同樣的滋養，而最終感到耗竭。相反地，如果擁有懂得尊重他的伴侶，其付出就能得到相對應的回饋。那麼這個家庭，或是公司、企業與團隊也一定能經營得很好，這就是關係是否建立在公平原則上的差異。

樂於付出，但也要學習平衡

他們是典型先成家後立業的人。家庭價值、締結婚約對他們而言都是重大的決定。一旦有了家庭，有了所愛的人，有了孩子，他們就會產生濃厚的歸屬感，自內心產生無比強大的動力，渴望成就更多，想要努力賺錢，拚事業，讓家人過更好的生活。

雖然擁有這條通道的人，樂於為所愛的人慷慨付出，卻很難將自己的需求說出口。這也是這條通道要學習的課題：學習平衡，學習如何尊重自己的需求，而不是一直不斷不斷地盲目付出，因為你的付出可能根本不是對方想要的。失衡的付出只會再最後讓自己落入受害者的困局，得不償失。請讓自己在人際關係上取得平衡。生活各個層面也是如此，飲食平衡、性生活規律、工作適度、固定的休閒生活，照顧別人也要照顧自己。

給這條通道的人的建議

一旦你有所歸屬，對內你會付出與經營，對外則爭取權益，甚至進一步擴張家族領域。娶或嫁對人、進對公司、與對的對象合作，都會對你大有幫助。但得不到尊重的付出，則會讓你的生活陷入失衡，你會在惡性循環的付出中耗盡一切，而依然得不到相對應的回饋，要注意。

通道名人：威爾許、傑米．奧力佛、達賴喇嘛、約翰．甘乃迪、邱吉爾、伍迪．艾倫、張藝謀

39-55 情緒的通道

多愁善感，才能讓創造力生生不息

定義

有這條通道的人很容易多愁善感、憂鬱、情緒化。這些看似無來由的情緒，其實是非常珍貴的資產，底層蘊藏了巨大的創造力。接納內在會有憂鬱與多愁善感的那一面，學習與情緒的高低起伏共存，快樂有時，悲傷有時，每種情緒都有其存在

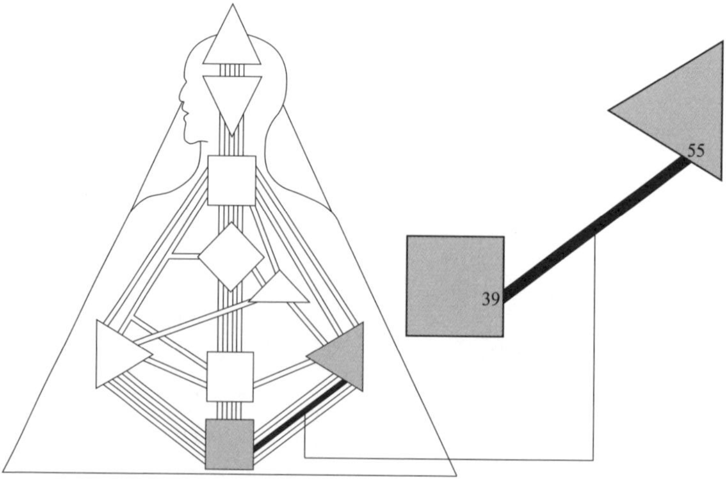

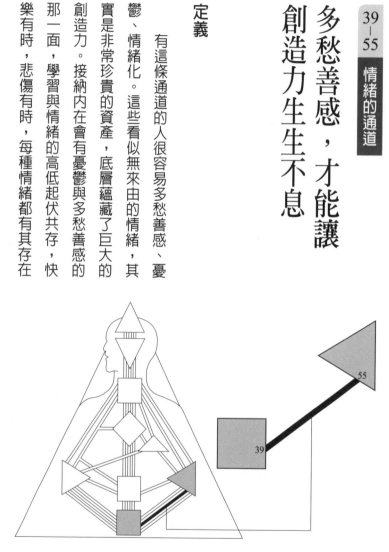

的必要性。憂鬱則是一種獨特的天賦，若能與每次低潮和平相處，學習轉化憂鬱為創意的動力，就能為世界帶來源源不絕的創作，透過旋律、文字與創作，讓世人得以體驗你在情感上所經歷的幽谷與天堂。

天生情感豐沛、多愁善感

有此通道的人天生情感豐沛，每天的情緒高低起伏都不同，上一刻憂鬱，可能下一刻突然變得很開朗，轉變之間毫無理由可循。別人很容易覺得他們情緒化，搞不懂又難相處，其實他們自己也很痛苦，無法明白為什麼內心的情緒起伏會這麼強烈。若是終其一生都只是為此而苦，沒有理解上天賜予這項天賦才華的深意，那就太可惜了。有句英文的諺語足以解釋這條通道的獨特之處：If there is no melancholy, there is no melody.（沒有憂鬱，就沒有旋律）。絕大多數的人並不理解，憂鬱與創作力緊密相關，讓憂鬱找到出口的唯一方式，是經由內在的轉化與昇華，將情緒轉化為創作的力量，以各種創作的形式，蛻變成全新的產出。當他們在作品中釋放出充沛的情感，就能為我們帶來藝術，帶來感動，讓人與人得以在心靈的層面共振，感受到合一。這就是這條情緒的通道，對人類以及對這個世界的貢獻。

情緒，正是他們創作的動力

換句話說，這條通道的人的情緒有多幽微、多低落、多高亢、多深刻，他們就有相等量的力量能轉化成創作。憂鬱，不過就是老天爺賦予他們才華時，額外附贈的副作用，而情緒跌宕起伏才是他們絕妙創作的原動力。伍迪．艾倫（Woody Allen）具備這條情緒的通道，這也就不意外為什麼伍迪．艾倫的電影作品，總會環繞著與情感相關的主題，巧妙又細膩地表達出我們內在那些難以說出口，對於愛、情感、與婚姻的恐懼和焦慮。他曾在訪談中說，他年輕的時候受困於愛，到了四十歲依然為此受苦；他的作品主題經常圍繞在探討愛的本質和自我追尋。在他的電影裡面，許多角色都認為愛情虛無，卻無法不談戀愛，鑽牛角尖不斷循環，有時，電影人物「找到了真愛」，卻往往只是幻覺的極致表現。愛，真是最折磨人也最動人的東西。有這條通道的人，在愛裡深刻感受到孤獨與困惑，經由對愛的探索，化為真實的作品，淬練出對情感深具智慧的體驗，給了為情所苦的人一條抒發的出口。

對有這條通道的人來說，憂鬱與多愁善感是必然的，對愛的追求與失落也是必然的。但重點是，你可以走多遠？你是滯留在憂鬱？還是願意更進一步？將之轉化為創作的動力，為這個世界帶來美與愛？

終其一生尋覓「懂我」的靈魂伴侶

不可諱言此通道盛產藝術家，但同時藝術家們也相當難搞，因為情緒起伏畢竟無規則可循。與有這條通道的人談戀愛的經驗很特別，很浪漫，也相對而言很辛苦。當他們尋找伴侶時，尋尋覓覓，內心渴求的是感受到一種靈魂的共振。聽起來很抽象？這真是超越理智邏輯的範疇，而這也就是這條通道的人所追求的「懂我」。極難以理性來解釋與理解，因為不合邏輯，也沒有公式，愛與不愛，隱約之間有股看似神祕的機緣與安排，懂不懂，無法強求，更非不斷努力就能達成。就像伍迪·艾倫在訪談中或電影裡呈現出的愛情輪廓，他自己化身為電影人物，追求真愛，但經常遇到「不懂他」的女性，兩人雞同鴨講，直到另一個能與他心領神會的女子出現。這正是這條通道一生所追求的靈魂的層次。此通道的人的憂鬱，是來自底層的絕望：要找到與他們靈魂共振的人太困難了，但是如果找不到，活著又有什麼意思？

這也是為何憂鬱會是天賦的理由。很多創作者之所以寫得出動人的情歌，是因為他們曾在情緒起伏中體驗過諸多失落、渴求、傷心。這些五味雜陳、難以釐清的情感濃縮為旋律，訴諸的不是理性，而是人的情緒。最美的詩歌多來自絕望與憂鬱，所以，受苦讓這條通道的人有深度。這是為什麼有此通道的藝術家在最悲傷痛苦的時候，往往也是創作的尖峰期。

受苦帶來深度，學習接受自己的情緒

有這條通道的人要學習的是接受自己的情緒，高潮也好，低潮也罷。低潮時，不要藉著吃藥讓自己回復平靜，也不要恐懼於情緒高亢，而試圖將自己拉回平淡。若是對情緒的世界太過無知，源於心懷恐懼而不斷擔心，不停壓抑它，最後呈現麻木的狀態，沒有情緒，沒有感受，藝術如何能誕生？如果總是希望天天開心快樂，其實是相當不切實際的想法。唯有接受情緒高低就是天生自然，明白低潮反而會是全新突變的開始。有情緒並非壞事，關鍵是如何學習投降與接納，找到與之相處的方法，人總得歷經低潮才能轉換到高潮，一如四季，春夏秋冬自然流轉，沒有冬天的休藏與醞釀，怎能生出春天的繁花盛放？

給這條通道的人的建議

情緒是你最好的朋友，也是老天爺給你最棒的禮物。穿越情緒，透過創作抒發自己，將內在經歷的一切轉化、提煉並昇華。建議培養創作的興趣，如果沒有創作的興趣，可以聽歌、唱歌、學習樂器，或者寫詩、園藝等都好。經由音樂與創作，能大幅度舒緩你憂鬱的情緒，也可以進一步得到出口。別擔心自己懷才不遇，當你真心做著自己喜歡的事情，作品終有被看到的一天。

如果你的孩子或周圍的人有這條通道，當憂鬱來襲，不要拚命試圖「解決」他們的煩悶，也不要期待他們會馬上開心起來。接受情緒的感受需要過程，詢問對方希望如何被支持，留空間讓他們獨處，或是轉化為創作，都會是很好的方式。學習如何跟自己的情緒同在，完整體驗悲傷或低潮，化憂鬱為創意，就是這條通道的人可以傳遞並貢獻給世界的智慧。

通道名人：伍迪・艾倫、約翰・屈伏塔、貝克漢、居禮夫人

42-53 成熟的通道

在不同階段中，蛻變成蝴蝶

定義

你的人生由各種截然不同的階段所組成，經由完整的歷程，你將逐漸成熟並累積智慧。將人生當成旅程，在不同的階段學習生命傳遞而來的智慧。重點並非達成特定的目標，而是完整去經歷這過程，累積各式各樣豐富的體驗。讓壓力成為動

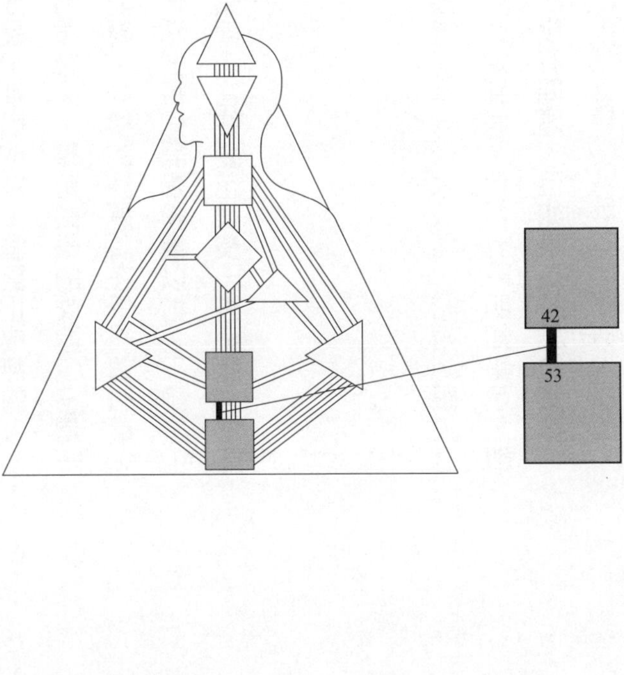

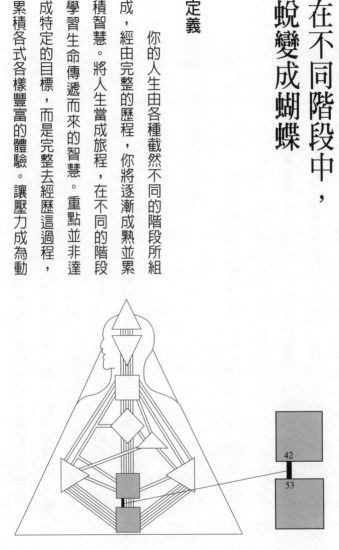

力，不管發生什麼驚濤駭浪，都能讓你從中成長，進而成為一個真正成熟的人。

一旦開始，就會堅持到最後，直到這個階段結束，學會該學的課題。通常一個生命階段從頭到尾將持續七年，萬一半途而廢，同樣的課題將在下一個循環，迅速以不同的形式再度出現，直到學會為止。請對每個開始謹慎以對，不論是工作或者人際關係，包括婚姻，若一開始就是錯誤，往往要花很長一段時間，才能重新再開始。

一旦開始，就無法輕易結束

這是一條一旦開始，就無法輕易結束的通道。進入一家公司，結婚，跟人合夥做生意，只要關係一建立，這條通道的人就會走到底。他們有時明知錯了，卻依然無法半途而廢。如果是正確的決定，當然沒有問題。但如果是錯誤的選擇，他們也會盡量撐著，試圖修正或調整路線。不管怎樣，就是無法像別人那樣，直接抽身。最常見的狀況是，一旦結婚，即使發現嫁錯人或娶錯人，還是想要盡力「經營」，試圖挽回，直到狀況完全破局為止。或者是，幾個朋友投資，後來證明創業模式行不通，大家逐一退出，只有這條通道的人死撐到底。股神巴菲特（Warren Edward Buffett）當初買入波克夏紡織公司，沒多久就悔不當初，任何人包括他自己，都承認這是錯誤的決定。巴菲特儘管承認投資錯誤，卻依然以「波克夏」為公司的名字，甚至以之為主體往外投資，無法當下認賠殺出。

他們像強迫症患者，一開始就無法輕易結束，所以要慎始。在進入任何工作或關係之前，都要先問自己：這是正確的選擇嗎？是自己真心想從事的事情或想要的關係嗎？如果答案是肯定的，即使投入七年，沒有得到好的結果，這也是他們人生階段中必然要經歷的，他們一定能從中累積重要的人生智慧。若答案是否定的，那麼這錯誤就會持續七年或更久，才得以結束。

在人生各種不同階段中，體驗並成長

體驗人生這條路上，各種不同階段的體驗，對這條通道的人來說是非常重要的一件事。因為有這條通道的人，就是在一個階段接著下一個階段的諸多經歷中，成長、茁壯與成熟。現今社會的主流價值觀，總是以目標為導向，人生不同階段得要完成某些目標才算成功。何時有第一桶金、第一棟房、娶妻嫁人。但對這條通道的人來說，目標不重要，重要的是過程中那跌跌撞撞所累積出來的豐富體驗，而每個階段的學習，都是必經之路的累積，讓他們學會該學會的課題，之後他們才能往下個全新的階段邁進，當然，下一次又會有全新的課題等待他們去學習。

他們的人生會分成很多不同的階段，每一段約七年。每一段做的事情可能截然不同，好比上一階段可能是在物流公司，下一階段又轉行從事服飾業。就算前後的領域和工作內容看似大不相同，但很奇妙地，他們就是有辦法善用上個階段所學習到的智慧，好好運用在下個階段的經營上頭。可能是待人處事的眉角，可能是公司管理的心法。若自始自終都待在同樣的領域或關係裡，但如果用心體驗與學習，不同的階段也會不斷地進步，轉換成全然不同的心態與方法，簡直可以用脫胎換骨來形容。

脫胎換骨，是為了朝下一階段前進

最好的例子是，巴菲特從一九六五年取得波克夏經營權，一直到一九八五年賣出波克夏最後一間紡織廠，整整歷經二十一年（三個七年）。別人可能會說他終於結束了這少數讓他賠錢的投資，但以人類圖的觀點來說，原始的波克夏已經不存在，全新的波克夏誕生了。因為從巴菲特以「波克夏」為名，向外購買持有可口可樂、美國運通、喜事糖等企業的股權，最後完全轉型為金融控股公司，波克夏脫胎換骨，巴菲特何嘗不是？雖然他從事的始終都是投資業，但是他的心境，與投資策略和作風，跟二十一年前徹徹底底、完全不同了。

擁有這條通道的人，若開始了卻半途而廢，那麼，這原本該學會的人生智慧，必定會以不同的形式循環出現，直到他們真正學到會為止。學會了，才能自然而然進入下一階段。而所謂「結束」與「學會」，並非腦袋思考所得出的結論，而是真正心領神會，於是心態才得以轉換，導致最後行為與結果都改變。也只有當自己明白了，才不會繼續卡在同一關。學生準備好了，老師才會出現，既定的課題學完了，新的開始才會打開大門，然後又是一個全新的階段，會有全新的學習。

這條通道的人若好好活出自己的設計，那麼人生中自然而然會擁有各種豐富的體驗。這些千金難換的體驗，可能是從零到有、或者從初階到進階、跨界學習，包括犯錯，因為犯錯也是另一種珍貴的體驗，從錯誤中才能真正紮實地學習與成長。加上有這條通道的人抗壓性強，這一個階段中若經歷了四級地震，下一階段他們就足以應付五級地震。當具有這條通道的人，不斷往前走，當他們真正穿越各個階段，迎向成熟的那一刻，就會真正變成人生閱歷非常豐富的人。

經歷種種淬練之後，還有什麼大風大浪沒見過呢？一個真正成熟的人，即使靜默，其存在都能讓人感受到他的睿智，無需言語，整個人都會散發出見過世面，人情世故通透的氣質。

給這條通道的人的建議

在你做任何人生重要決定，或決定進入任何關係或行業之前，請務必謹慎，若不是回應內在真心的渴望，只會是一個錯誤的開始。反之，若是自己真心喜歡的事情，不管成功失敗，過程有快樂或痛苦，都會是珍貴的過程，你必定能從中得到寶貴的學習。

通道名人：巴菲特、梅莉·史翠普、哈理遜·福特

47-64 抽象的通道

創意來自天馬行空的聯想力

定義

若你能接受困惑就是頭腦運作的本質，是思考過程中不可或缺的一部分，就能從老舊與固有的模式中，予以重組拼接，從而創造出新意。這條通道非常擅長將過去所發生的一切，以抽象的概念或想法，轉化為各種不同的形式來詮釋，非常

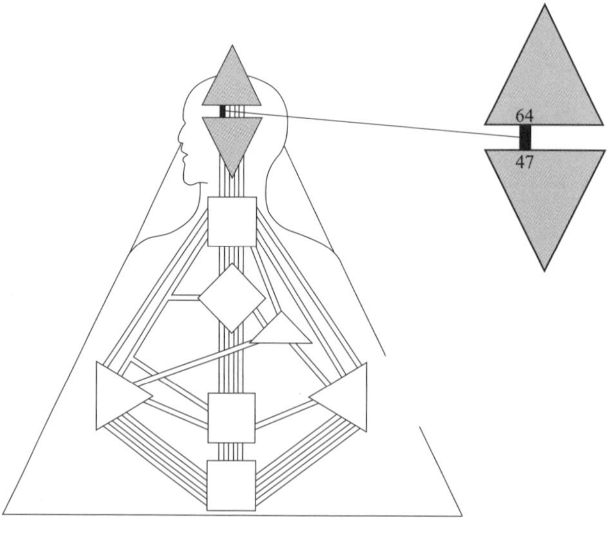

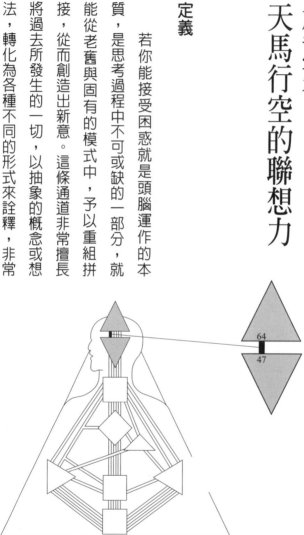

適合從事與創意相關的產業，透過藝術、哲學、歷史或文化各層面展現才華。

擅長跨界重組，影像靈感憑空而生

這條通道的人不斷想著不同的概念，來自四面八方的各種可能性，在他們腦中重組、變化成全新的概念。他們的腦袋裡不停地進行著各種概念的體驗，打破固有的模式，將全然不相干的物件或概念放在一起，這些風馬牛不相及的想法有時是垃圾，有時卻碰撞出非常了不起的火花。他們總是洋溢創意，說話風趣，充滿自由發散的創意，與一般人的思考模式很不同，他們尤其擅長跨界與重組，將舊有的東西呈現出新意。

「北極熊喝可樂」，很有趣的景象吧？這樣的廣告沒有理性，也毫無邏輯，但是卻令人印象深刻。這條通道的人思考模式就像這樣，腦中自動跑出影像，靈感憑空衝出，天馬行空恣意妄為、奇妙繽紛的角色和情節，以意想不到的方式運作，思考的模式宛如泡泡無止境地向外增生，不停發散到最後，可能語不驚人死不休似地，最後降落在離起點很遙遠，乍看風馬牛不相及的某個結論上，但這看似瘋狂毫無邏輯的聯想力，若運用在創意產業，或是藝術發想的領域裡，往往是令人讚歎的驚人才華。

羅琳腦中奔馳大量畫面，跑出理性無法解釋的暢銷故事

你知道，哈利波特的故事是怎麼誕生的嗎？這個風靡全世界的魔法故事，其實搭乘著一班誤點的火車，就這樣如夢似幻，墜入J・K・羅琳（J.K.Rowling）的腦海中。

羅琳當然有這條抽象的通道，當時她正站在月台上，而這班開往倫敦的火車竟然誤點了。慢慢的，在她愛跑畫面的腦海浬，浮現出一個瘦弱、戴眼鏡、從未想過自己真實身分的黑髮男孩。接著，其他角色與情節，在火車誤點的四個小時之內，宛如神諭般，飛快現身了。於是，我們這群麻瓜才得以一齊祕密地，與哈利波特一同溜進倫敦王十字車站的「九又四分之三月台」，搭乘魔法學校特快車，往霍格華茲飛奔，從此流連忘返。

如果沒有一個充滿創意的腦袋，編出了一大串影像，我們就讀不到精采的

《哈利波特》。這個有趣的奇幻故事，結合了魔法與現實，發生在一個看似架空卻又感覺無比真實的世界裡。而這正是這一條跑畫面通道對世界的貢獻，當他們以創作來呈現自己腦袋中的重組，是多麼令人驚喜呀。

混亂與清明交織，解答有多種版本

他們腦中的思考模式並不穩定，只要改變當中一個元素，重組出來的影像和概念就會全然不同。他們擅長快速並隨意地，不斷組裝許多畫面，在迷亂與清晰之中徘徊。他們也經常為此無比苦惱，甚至混亂。腦中亂烘烘，很多影像、幻影、概念混雜在一起，簡直讓他們快瘋掉。

總會有靈機一動的時刻，腦中彷彿射入一道清明的光，讓他們貫穿一切，此刻他會說「我懂了」。過往的苦惱，在此時突然變得清晰通透。但是，這瞬間所得到的清明並不穩定，也不確定，可說是在混亂與疑惑中，突然推測出來的結論。而同樣的事件，日後當他們對人生產生新的理解，看待事情的角度將產生變動，極有可能在下一刻，又會剪接出一個與之前截然不同的版本。

人生如戲，戲如人生，這條通道的人真的很適合從事影視工作，對編劇尤其擅長，能將一個故事編成各式各樣不同的版本。他們天生擅長處理影像，能精確地以畫面與影像的方式來呈現，他們偏好影像思考，自己也多以畫面來記憶過往。

這條通道的才華若用在理解自己，解決自己的問題，可預期將會是一場災難。「連連看」的特質用在非理性的創意面，可以帶來驚喜，但若以此來理解自己與周圍正在發生的事情，則容易跳到不符合邏輯、與事實遙遠的結論上頭。若他們偏偏又執意地認定自己是對的，可想而知很容易落於偏執。

當他們深陷自己的迷宮，困惑將如拖棚的歹戲。他們的腦袋是一架無法停止運轉的錄放機，因為驚慌更想反覆確認，反覆不停搬演的結局，只會帶來無止境的挫敗與自我壓抑。若他們固執於那錯誤的結論之上，那麼所觀看的片段，都會是篩選並編輯過的影像，每看一次，都將離真實更遙遠。

給這條通道的人的建議

你的頭腦無法解決你自身的問題，它會對別人帶來重大的啓發，對自己卻會帶來巨大的困惑。若經常處在混亂與困惑中，希望得到一絲清明，那麼建議你，這條通道的使用祕訣是：請將你的頭腦用來服務大眾，不要用來聯想與自己直接相關的事情。而關於你的困惑，經過時間的沉澱後，答案將在對的時間點顯現，請放心。

通道名人：J．K．羅琳、伍迪．艾倫、莫札特、張國榮、張藝謀、茱麗．蝶兒

國家圖書館出版品預行編目資料

活出你的天賦才華：人類圖通道開啟獨一無二的人生／Joyce Huang（喬宜思）著 ---.初版.—臺北市；本事文化出版：本事文化發行,
2014〔民103.03〕
面　；　公分. -
ISBN 978-986-6118-69-2（平裝）
1.占星術　2.自我實現
292.22　　　103000430

 ISBN 978-986-6118-69-2

活出你的天賦才華
——人類圖通道開啟獨一無二的人生

作　者／Joyce Huang（喬宜思）
整理、撰文／林毓瑜
發 行 人／麥成輝
社　長／喻小敏
總 編 輯／林毓瑜
責任編輯／王曉瑩
行 銷 部／李明瑾
業 務 部／郭其彬、王綬晨
出 版 社／本事文化股份有限公司
台北市中正區羅斯福路四段68號7樓之9
電話：(02) 2363-9799　傳真：(02) 2363-9939
E-mail：motif@motifpress.com.tw
讀者服務專線：(02)2363-9799轉15
24小時傳真服務：(02)2363-9939
讀者服務信箱E-mail：motif@motifpress.com.tw
營運統籌／大雁文化事業股份有限公司
地址：台北市松山區復興北路333號11樓之4
電話：(02)2718-2001
傳真：(02)2718-1258
香港發行所／大雁(香港)出版基地．里人文化
地址：香港荃灣橫龍街78號正好工業大廈22樓A室
電話：852-2419-2288　傳真：852-2419-1887
網址：anyone@biznetvigator.com
封面設計／徐小碧
排　版／浩瀚電腦排版股份有限公司
印　刷／上晴彩色印刷製版有限公司
2014（民103）3月11日初版
2015（民104）6月11日初版7刷
定價320元

本事
文化
Motif Press Co., Ltd.
Motif

廣　告　回　信
台北郵局登記證
台北廣字第03773號

平　信

10091
台北市中正區羅斯福路四段68號7樓之9
本事文化股份有限公司

請沿虛線對摺，非常感謝！

書號：WO2014　　書名：活出你的天賦才華——
人類圖通道開啓獨一無二的人生

請於此處用膠水黏貼

本事
文化
Motif Press Co., Ltd.
Motif

讀者回函卡

更多本事文化相關資訊，請上
本事部落格：http://motifpress.pixnet.net/blog
或者到Facebook加入「本事文化粉絲團」喔！

非常感謝您購買本事文化的產品！
請耐心填寫此卡，我們將不定期寄上本事文化最新書訊給您！

姓名：________________

性別：□男　□女　　　生日：西元________________年______月______日

通訊地址：________________________________

聯絡電話：________________________　傳真：________________________

Email：________________________________

學歷：□1.小學　□2.國中　□3.高中　□4.大專　□5.研究所以上

職業：□1.學生　□2.軍公教　□3.服務業　□4.金融業　□5.製造業　□6.資訊
　　　□7.傳播業　□8.自由業　□9.農漁牧業　□10.家管　□11.其他________

請問您如何得知本書訊息？
　　　□1.實體書店　□2.網路　□3.報紙　□4.雜誌　□5.廣播　□6.電視
　　　□7.親友推薦　□8.其他________________________

請問您通常以何種方式購書？
　　　□1.實體書店　□2.網路　□3.傳真訂購　□4.郵局劃撥　□5.其他________

請問您喜歡閱讀哪類書籍？
　　　□1.財經類　□2.自然科學　□3.歷史　□4.法律　□5.文學　□6.休閒旅遊
　　　□7.小說　□8.傳記　□9.生活勵志　□10.其他________________

歡迎寫下您的建議：________________________________

____

____

____

____

請於此處用膠水黏貼